U0448975

紫图图书  出品

# 嘘寒问暖

**身体虚了,别硬扛**

佟彤
柴海强 | 李春芳 著

科学技术文献出版社
SCIENTIFIC AND TECHNICAL DOCUMENTATION PRESS
·北京·

图书在版编目（CIP）数据

嘘寒问暖 / 佟彤，柴海强，李春芳著 . -- 北京：科学技术文献出版社，2025.5. -- ISBN 978-7-5235-2376-6

Ⅰ . R247.1

中国国家版本馆 CIP 数据核字第 2025093FY6 号

## 嘘寒问暖

策划编辑：王黛君　责任编辑：宋嘉婧　责任校对：王瑞瑞　责任出版：张志平

| 出 版 者 | 科学技术文献出版社 |
|---|---|
| 地　　址 | 北京市复兴路 15 号　邮编 100038 |
| 编 务 部 | （010）58882938，58882087（传真） |
| 发 行 部 | （010）58882868，58882870（传真） |
| 邮 购 部 | （010）58882873 |
| 官方网址 | www.stdp.com.cn |
| 发 行 者 | 科学技术文献出版社发行　全国各地新华书店经销 |
| 印 刷 者 | 艺堂印刷（天津）有限公司 |
| 版　　次 | 2025 年 5 月第 1 版　2025 年 5 月第 1 次印刷 |
| 开　　本 | 710×1000　1/16 |
| 字　　数 | 194 千 |
| 印　　张 | 15 |
| 书　　号 | ISBN 978-7-5235-2376-6 |
| 定　　价 | 59.90 元 |

版权所有　违法必究

购买本社图书，凡字迹不清、缺页、倒页、脱页者，本社发行部负责调换

目 录

## 第 1 章 你没病,你是虚了

1. 你不是老了,你是虚了 • 002
2. "虚不受补"的人该怎么补? • 005

# 第2章 身体的小毛病怎么办？

1. 发热了，四种办法帮你退热 · 010
2. 感冒发热、大便干燥，怎么进行饮食调理？ · 014
3. 总是上火？你应该补这里 · 025
4. 能助眠的中成药，哪种更适合你？ · 028
5. 睡眠不好、便秘，喝阿胶蜂蜜汤 · 032
6. 期前收缩、窦性心动过速，喝炙甘草汤或太子参麦冬阿胶汤 · 034
7. 脱发、失眠、头晕，喝龙眼阿胶汁 · 037
8. 疲劳、心慌、失眠，吃五味子膏、桑葚膏帮你补虚损、抗衰老 · 039
9. 熬夜，烧脑又伤心，喝生脉饮或复方阿胶浆 · 042
10. 慢性咽炎总不好？喝麦冬沙参肉桂茶 · 045
11. 三种尿频，这样治就好 · 048
12. 夜尿多，吃导赤散或喝黄连阿胶汤、西洋参阿胶汤 · 053
13. 总有白痰怎么办？ · 057

14. 健忘、腰膝酸软、乏力，喝核桃桂圆肉阿胶汤补肾　　•060

15. 便秘、四肢酸痛、须发早白，喝葱胶汤　　•062

16. 胃不好，喝阿胶山药莲子粥　　•064

17. 胃痛、感冒、咽痛，丁香、陈皮等可以派上用场　　•066

18. 胃不舒服，喝山药小米粥，按摩足三里穴　　•071

19. 头昏眼花、失眠，喝阿胶牛肉汤　　•075

20. 总长口腔溃疡、动不动咽干痛，吃这几种中成药　　•077

21. 小毛病不想吃药？厨房里这几味佐料能帮到你　　•081

22. 吃梨能治干咳、咽痛，痛很久了吃苹果　　•083

23. 干瘦、虚弱，吃"厨房版"的薯蓣丸——怀山药　　•085

24. 舌头发红、孩子哭闹、大便不通、小便黄怎么办？　　•088

25. 身体水肿，乾隆爱吃的八珍糕帮你减肥　　•092

26. 头痛、牙痛、失眠、胸闷，按揉太溪穴，叩齿吞津　　•096

27. 慢性咽炎、扁桃体反复发炎，喝复方阿胶浆　　•099

28. 身体上总是这痛那痛的怎么办？　　•102

29. 汗多、喝了就尿、湿胖，喝炒白术浮小麦汤；
    气虚便秘，喝生白术当归汤　　•106

30. 关节痛，用腌菜的大盐温熨局部　　•109

31. 脱发、头发早白，吃二至丸　　•112

| 32. | 有拖延症，喝阿胶海参粥 | • 115 |
| 33. | 经前烦闷、经中怕冷、经后腰膝酸软怎么办？ | • 118 |
| 34. | 经期小腹隐痛、头晕耳鸣、舌质淡红，吃阿胶山药羹 | • 122 |
| 35. | 宫寒，艾灸关元穴和气海穴 | • 124 |

# 第3章 吃什么增强我们的免疫力？

| 1. | 体弱多病，喝阿胶海参粥增强免疫力 | • 128 |
| 2. | 好气色，靠喝阿胶荔枝粥 | • 130 |
| 3. | 脸上长斑和宿便有关吗？ | • 133 |
| 4. | 脸上长斑，用阿胶洗面奶，喝阿胶白皮粥 | • 136 |
| 5. | 想瘦腿，多喝黄芪冬瓜薏米汤 | • 139 |
| 6. | 流了大汗，喝麦冬乌梅汤 | • 142 |

# 第4章 四季吃好喝好，一年不生病

1. 春天天气干燥，容易上火，应该喝什么去火？ · 146
2. 天热了就不能进补？错！西洋参能进补还能去火 · 150
3. 夏天怎么吃瓜才祛暑？ · 153
4. 夏天要想不生病，吃阿胶糕夏季清心方 · 157
5. 长期吹空调，喝姜汤、葱白汤，用盐袋温敷风池穴、命门穴 · 160
6. 立秋之后不吃西瓜、苦瓜 · 163
7. 贴秋膘，喝生地龙骨汤 · 166
8. 秋天口干舌燥、咽痛、皮肤干燥甚至发痒，三个小动作帮你改善 · 169
9. 秋天干燥，要喝润肺阿胶汤 · 173
10. 秋冬补阴，喝复方阿胶浆，配陈皮茶 · 175
11. 冬天心脑血管疾病比夏天高发50%？还要当心哮喘、痛风、晨僵 · 178
12. 冬天手脚冰凉、夏天手脚燥热，喝复方阿胶浆 · 181
13. 冬天餐桌上的补药：阿胶山药羹 · 184

## 第5章 你不可不知道的生活小常识

1. 上了年纪，什么都可以吃，但不能多吃 · 188
2. 条条大路通脂肪，快停止"忌碳水、多吃蛋白质"的减肥方法 · 191
3. 吃素就能减肥？那要看你吃什么 · 194
4. "上床萝卜下床姜"，对吗？ · 197
5. 常言道"是药三分毒"，那药可以久服吗？ · 200
6. 为什么女人变老，先是脸变黄？ · 203
7. 《伤寒论》中的补血名方：十枣汤 · 206
8. 癌症不得不化疗，怎么减少伤害？吃阿胶 · 209
9. 补药滋腻，先吃会上火生湿？一招教你正确进补 · 212
10. 减轻吃阿胶不良反应——"瞑眩反应"的做法 · 216
11. 腿抽筋是缺钙了？可能是缺血 · 219
12. 《中国居民膳食指南》建议，每人每天至少要吃一次菌类 · 222
13. 肾虚等于生殖功能不足？你对中医的肾虚有误解 · 224

# 第 1 章

# 你没病，你是虚了

# 1 你不是老了，你是虚了

一提到虚弱，人们首先想到的是老年人或身体不好容易生病的人。但现在不少年轻人也觉得自己很"虚"，上班一天感觉身体被掏空，这就是虚弱的真实写照。

不少人会问："吃什么药，才能赶紧把虚弱的身体补上去？"

事实上，虚弱是不可能被完全纠正的，也没必要彻底纠正，因为虚是生物进化到人类这个最高级的动物时独有的表现。从这个意义上说，人就是会越变越虚。只有充分了解这一点，我们才能选择正确的补益方式、正确对待躲不过去的虚。

要了解这个，我们先搞清楚什么是虚。通俗来讲，就是身体不像以前那么强壮了，精力、体力都下降了，但在这种状况下仍旧可以活很多年，人类就是这样带虚生存的。想要明白这个道理，我们来看看在进化上比人类低一些的动植物。

先来看看动物，我们经常会看到有些鱼类，在一个季节集体洄游到一个海域，产卵后纷纷死去。再来看看植物，比如竹子，竹子什么时候死亡呢？答案是在开花之后。像产卵，开花就是生物的生殖活动，类似人类生孩子。但鱼类、竹子等动植物，在"生了孩子"之后寿命就终止了。也就是说，对有些低等生物来说，当它们完成生殖任务之后，生命就戛然而止了。

生殖一般都发生在生命的壮年，是体力最好的状态下才有的功能，但对有些低等生物来说，它们恰恰就是在体力状态最好的时候死亡的，都没来得及经历虚弱的过程，生命就戛然而止了。

我们再来看看人类。当生物进化到人类之后，这种情况就彻底改变了。医学一般认为人类的生育年龄截至四十六岁左右（女性），但现在很多人都能活到七八十岁，从生育完成到最后死亡，还有几乎一半时间，这段时间就是衰老的过程，在这期间人的体力和精力都不及年轻时那么好了，体质变虚了。

但恰恰是凭借这个虚，人类把能量细水长流地用着，以虚的方式换来了寿命的延长，通过带虚生存，人类的寿命不断延长。从进化的角度看，体质虚其实是高等动物的生命智慧，并非全是病态。

中国民俗中有四大不靠谱——倒春寒、秋暖、老健、君宠，其中一个就说到了虚。什么意思呢？春天会有倒春寒，但倒春寒不会影响迈进夏天的步伐，所以春天就是冷，也没几天。秋天之后是冬天，天气变冷是自然规律，偶尔暖和不可信。向来伴君如伴虎，皇帝连自己的儿子都能杀，他对你的宠爱怎么能当真？其中的"老健",意思是到了老年,虚弱是正常的,也应该虚弱,如果一个上了年纪的人和年轻人一样健康,反倒不正常,因为这样会提前消耗能量,缩短寿命。

因此,人变虚是进化的结果,任何人都得遵循这个规律。在进化规律的基础上,现在我们更容易虚,为什么会这样呢?原因有二:其一,科技发展了,我们的很多体力劳作都被机器代替了,开车、坐电梯让我们失去了运动的机会,身体因为缺少运动更容易变虚;其二,也是因为科学发展,生活多了各种可能,人的欲望随着生活中可能性的增加而增加,欲望带给我们的首先是诱惑,其次是压力,压力是最容易把人压虚的。所以,一方面,我们应该补充相应的营养;另一方面,也需要保持良好的生活习惯,提升自己身体的循环代谢能力,把身体调理到一个平衡、舒适的状态,来应对不可避免的虚损。

所谓"no 作 no die(不作死就不会死)",换在虚上也同样,不作就不会虚,但可惜的是,我们提倡"时间就是生命""效率就是金钱"等口号,其实都是另一种意义上的"作",它们在推动社会飞速发展的同时,也把注定要虚的我们加快掏空了。

面对这样慢慢变虚的自然规律,现在人的养生根本是对付虚损,而不是彻底改变虚损,因为这是很难的,毕竟虚损是自然规律、必然趋势,但我们可以在虚损的大趋势中实现利益最大化。

## 2 "虚不受补"的人该怎么补？

很多朋友一方面想补，另一方面又觉得自己"虚不受补"，这是因为他们吃了补药之后容易上火。虽然身体虚，但好像一时间接受不了补药、补品，怎么办？

下面说一下"虚不受补"的两种情况，一种是虚的同时有痰湿，另一种是虚的同时上了虚火。

先说虚且夹痰湿，一般这类人胃口好，喜欢各种吃吃吃，体形偏胖，即使不胖，但脾虚严重。前一种类型是体内垃圾过多，后一种类型是垃圾清运能力不足，痰湿就是没及时排出去的垃圾。

虽然本质是虚性的，需要补一补，但补前一定要"清清路"。也就是说，先把体内该代谢的垃圾清除掉，先祛痰湿再补气。补之前先喝陈皮莱菔子代茶饮。

**祛痰湿**

## 喝陈皮莱菔子代茶饮

| 症状 | 肥胖或不胖但有"三高"问题，同时又很容易疲劳，动则气喘吁吁。 |
| --- | --- |
| 做法 | 用陈皮、莱菔子各5克代茶饮，喝两天，舌苔不厚腻就可以了。 |
| 叮嘱 | 如果仍然感觉疲劳，再喝些参类补补气。 |

还有一种是阴虚，平时经常上虚火的人群，如果用补气药，等于火上浇油。这种人如果看中医，一般要吃知柏地黄丸补阴清虚热。

**补阴清虚热**

## 吃知柏地黄丸

| 症状 | 经常上虚火，手脚心热，心烦失眠，体形偏瘦，容易疲劳，心慌气短，到了下午说话有气无力，舌头发红。 |
| --- | --- |
| 做法 | 吃知柏地黄丸，中病即止。 |

这个时候可以用西洋参，西洋参是参类里比较特殊的存在，既能补气，又能补阴，滋补却不上火，甚至还能清火，这是因为西洋参的性质是凉性的。换句话说，虚不受补，特别是因为阴虚火旺而不受补的人，都可以尝试西洋参。

## 吃了补药的前几天上火怎么办？

**症状**：没有明显的痰湿，也不是阴虚体质，会在吃了补药的前几天上火。其实，这是身体突然接受高能量的补药还没适应的反应。

**做法**：吃归脾丸、参苓白术颗粒，先从小量开始吃，逐渐加量。还可以通过红参补气，每日1~2克，从一日一次，慢慢加到一日两次；想通过阿胶补血的人，可以从每日3克，逐渐加到5克。

**叮嘱**：这样就给了身体一个适应的时间，上火的情况会减少很多。

虚弱的身体内部也是一种平衡状态，只不过是较低水平的平衡。而我们进补无论是补血还是补气，都是为了提高体质，将过低的平衡点提高。进补前几天的上火，就是身体还没和补药给身体带来的新高度达到平衡，很多人因此以为自己虚不受补而放弃，这就错失了提升身体功能的机会。怎么才能让身体迈向新平衡的时候平稳过渡呢？有几个建议：一是可以调调脾胃开开路，在药师指导下选择归脾丸、参苓白术颗粒或红参补气，阿胶补血。还可以搭配清凉的茶饮，比如麦冬茶、菊花茶，缓解一时的火气，为顺利进补铺路。

第 2 章

# 身体的小毛病怎么办？

# 1 发热了，四种办法帮你退热

绝大多数人的发热就是简单的感冒发热。如果没有咳嗽严重、黄痰明显等细菌感染的合并症，一般这些发热都是病毒感染引起的，医院的处置一般都是用退热药对症治疗。

如果你不想吃药，掌握下面几个办法，面对简单的感冒发热就可以自行处理了。

如果你是浑身发紧，无汗，甚至是由无汗、浑身酸痛引发的感冒发热，可能是"风寒束表"了，这些正是它的典型表现。针对这种情况，最快的办法就是发汗，随着周身微微出汗，束缚在体表的风寒散了，浑身轻松了，体温就会降下来。

生活中有以下几种办法可以帮助发汗。

## 1 泡脚或泡澡

**做法：** ① 泡脚的时候热水最好没过脚踝，而且温度要稍微热一点儿，需要耐受一点烫把脚放进去，烫得受不了再把脚挪出来，稍微适应了再放进去，这样反复，泡到身体稍微有点儿汗。泡脚的水里可以加几大片姜和三四十毫升做饭用的黄酒，能增加血液循环，促进出汗。注意，如果你是糖尿病患者，水温最好用温度计测试一下，因为糖尿病患者的神经受损，对热刺激反应迟钝，容易引起烫伤。

② 也可以泡热水澡，在水里放姜片，同时还可以放 20 克左右的苏叶。如果是孩子发热，苏叶也是可以用的，它是温性的，透表发汗的效果很好。

## 2 喝葱白汤

**症状：** 发热的同时咽痛。

**叮嘱：** ① 虽然葱和姜一样，也是温性的，但葱白是温润的，我们很少看到吃葱之后上火，就是因为它的润性，所以很适合风热感冒、咽痛时退热。

② 针对风热感冒的葱白汤中，还可以加点儿薄荷叶，如果是鲜的，加 20 克；如果是干的，加 10 克。薄荷在清凉的同时有挥发之性，同样也可以微微发汗，特别适合风热感冒的退热。要注意，葱白汤无论加不加薄荷，都是不能久煮的。

嘘寒问暖

### ③ 热敷风池穴、风门穴、风府穴

**做法**：在洗澡的时候，可以用热水冲浇后脑勺下到肩膀上的这个部位，这里有三个与风寒相关的穴位，分别是风池穴、风门穴、风府穴。也可以用电吹风，调到温热档，对着这个部位吹热风，帮助驱散体表的风寒。

## 4 喝葱姜汤和葱白粥

**症状**：如果你在发热无汗的同时，没有咽痛的问题，就是寒性感冒。

**做法**：① 用生姜 5~6 大片，葱白一大根，切段，水开后下锅，盖上盖子，开锅 3 分钟就关火，盖着盖子焖 5 分钟，加点儿味精、盐调味就可以喝了。喝了葱姜汤之后可以盖上被子躺一会儿，随着微微出汗身体也会轻松。

② 也可以用白米熬粥，快熟的时候把姜、葱放进去，再开锅 3 分钟，焖 5 分钟，加调料后喝粥。

**叮嘱**：因为粮食都是入脾经的，感冒发热的时候喝粥，能增加脾的气血津液生化能力，使身体有能量托毒外出。张仲景《伤寒论》中有 33 张方子后面嘱咐了要用热稀粥，其中很多都是解表散寒退热的名方，比如白虎汤，就是借健脾的力量发汗透表。

最后要提醒大家的是，这些退热的偏方都是有适应证的，首先是体温一般在 38.5℃以下。同时除了发热，没有严重的咳嗽等细菌感染问题，不需要借助消炎药。而且这个发热一定是感冒引起的。

很多复杂疾病最初都是发热，很容易和感冒发热混淆，如果你判断不清楚自己发热的原因，而又在吃了几次偏方后就退热了，说明病情简单，很可能就是感冒；但如果三五天都不退热，一定要到医院认真检查，排除更加严重的问题。

## 2 感冒发热、大便干燥,怎么进行饮食调理?

冬天容易感冒,感冒好了之后需要善后,而且为了预防感冒,也可以做很多准备,这就是饮食的调理。下面几个食疗偏方可以帮到你。

### 感冒发热,大便干燥,喝芹梨汁

首先推荐的是芹梨汁。当你感冒发热的时候,只要大便干燥,就很难退热。甚至先出现大便干燥,几天后出现感冒,这种现象尤其多见于孩子。因为中医讲"肺与大肠相表里",便秘的时候,大肠壅滞,肺气不宣,等于奠定了上呼吸道感染的基础。换句话说,只要大便不通,肺气就始终被束缚着,就很难退热。因此,无论是退热,还是治疗呼吸道感染,必须保证大便通畅,甚至能使大便通畅的药物或食物，本身就是很好的感冒药，入肺经的水果就有这个效果。

**感冒发热，大便干燥**

## 喝芹梨汁

**原料** 一个雪梨，一把芹菜、荸荠。

**做法** 用雪梨和芹菜一起打成汁，如果可以的话，再加几个荸荠。

**叮嘱** 这个果蔬汁适用于那些身体很壮实的、很容易上火的人。梨和荸荠能清肺，芹菜有丰富的纤维素，加在一起可以通便，大便通畅的同时肺火也就消了，肺热干燥引起的感冒发热也就减轻了。

## 动不动就发热，嘴里有臭味，经常便秘，喝四磨汤口服液

经常有人咨询："孩子身体特别不好，动不动就发热，不知道为什么免疫力这么低，该吃点儿什么补一补？"

每当遇到这种情况，我第一个要问的不是孩子的饮食是不是有

营养，而是孩子是不是经常便秘。如果经常便秘，发热肯定避免不了。对现在的孩子来说，保持大便通畅是比增加营养更重要的预防疾病的措施。

为什么这样说呢？中医讲，"肺与大肠相表里"，大便不通，则腑气不通，势必导致肺气不宣。孩子大便不通，很容易生肺火，稍微受凉，就会里应外合诱发感冒咳嗽，而且在治疗的过程中，如果不通便，体温很难降下去，咳嗽反而还会加重。

但现在的问题是，家长唯恐孩子营养不够，饮食不精，几乎每餐都是高含金量的饮食。水果、蔬菜会打成汁，而且只喝果汁，渣滓是不会让孩子吃的。担心蛋白质不足，鱼肉蛋奶使劲吃，纤维素严重不足。

这一点家长似乎是知道的，所以会经常给孩子买各种益生菌饮料，但只补充益生菌不补充纤维素，问题还是解决不了。孩子怎么吃能既健康又营养，还能少生病呢？首先，孩子要粗养，吃得不要太精细，因为我们日常的食物已经是经过精细加工了，再去粗取精，纤维素就更难保证。同时，要多吃芹菜、猕猴桃、火龙果等富含纤维素的果蔬。特别是发现孩子嘴里有臭味、大便干的时候，这就意味着肠道已经不通了，应该马上减少孩子鱼肉蛋奶的摄入量，让孩子吃几天素，同时可以用芹菜和猕猴桃或火龙果打成汁，加点儿糖调味，让孩子带着渣滓喝。如果能每天喝一杯，大便就能很快畅通，孩子可能就避免了感冒咳嗽。

如果这样的果蔬汁也不能通便，就意味着孩子的内热太重了，可以试试四磨汤口服液这类通便药。如果喝几天口服液之后大便通了，就换回芹菜猕猴桃汁或芹菜火龙果汁，尽量用食物而不是药物维持健康。这是养育孩子应遵循的准则——合理饮食搭配，这样做能培养孩子健康的生活方式和习惯，这是可持续使用的防病策略，而药物则是下策。

## 受凉咳嗽，喝橘红姜丝茶

很多人知道橘子皮是入药的，但小小一块橘子皮的药效却有讲究。不同的部位，不同的制法，药效各有不同，其中橘红能止咳，陈皮能消食。

橘红是橘子皮晒干之后，只要外边红色的部分，内里那层白的要去掉。经过这样处理的橘子皮就是橘红，其性质是温的，入肺经；如果你因为受凉而咳嗽或体质虚、上了年纪，咳嗽的时候痰是白色的、稀薄的，橘红最合适，只需用10~20克泡茶喝即可。如果咳嗽不严重，这个小偏方效果不错。如果自觉受寒很明显，浑身发冷，可以在橘红茶中加点儿生姜，增加散寒解表的功效，可能就会将受寒引起的感冒咳嗽遏制在萌芽状态了。

> **受凉咳嗽**
>
> # 喝橘红姜丝茶
>
> 症状　受凉咳嗽，浑身发冷，咳嗽的时候痰是白色的、稀薄的。
>
> 做法　用 10~20 克橘红泡茶喝，里面加点儿姜丝。

## 慢性咳嗽和寒咳的首选：止咳橘红丸

止咳橘红丸是慢性咳嗽和寒咳的首选药。此药性质偏温，里面也用到了橘红，更适合用来治疗久咳，或者一些陈旧性的慢性咳嗽，比如哮喘、肺气肿、体虚引起的咳嗽，这类咳嗽多是慢性肺系疾病合并急性感染发作。咳嗽的痰是白颜色的而且有沫，这就是寒咳的特点。可以吃止咳橘红丸，一般老年人更常用。

> **慢性咳嗽和寒咳**
>
> # 口服止咳橘红丸
>
> **症状** 久咳或哮喘、肺气肿、体虚引起的咳嗽，痰是白色的，有沫。
>
> **服法** 按说明书口服止咳橘红丸。

## 食欲缺乏，甚至恶心、舌苔很腻，试试二陈丸

很多人听说过一个偏方：把橘子烤了之后再吃可以止咳。其实这是为了增加橘子的温性，烤过的橘子等于快速制成的橘红，对于受寒引起的咳嗽确实对症。烤的时候可以用微火，不要烤糊，烤到温热，香味泛出来就可以吃了。吃橘子的同时又用这样的橘皮泡水，等于在用橘红治病。

橘红和陈皮又有什么不同呢？橘子皮晒干之后，保留了里面白的部分，就是陈皮。陈皮性质也偏温，但比橘红差点儿，而且主要入脾经。如果是吃多了或夏天天气潮湿导致的身体湿重，可以用陈皮祛湿。

所谓湿重,就是胃肠没把脏东西代谢出去,具体表现为食欲缺乏,甚至恶心、舌苔很腻。

如果陈皮作用微弱,可以试试二陈丸。二陈丸是陈皮加上半夏,增加了燥湿的作用。很多人舌苔很腻,虽然不一定都伴随着胃口不好,但舌苔腻已经意味着体内有湿,这时就应该经常喝陈皮茶,防止湿气加重。

**食欲缺乏、恶心、舌苔腻**

## 口服二陈丸

**症状** 食欲缺乏,甚至恶心、舌苔很腻。

**做法** 口服二陈丸。

秋冬季节是补阴的好时机,而补阴养血的药物多是性质滋腻的。如果想要夯实身体的地基,吸收滋腻的药,需要有好的胃口,胃肠不能有积滞。进补前最好喝几天陈皮茶,每天可以用10~15克,借助陈皮祛湿的效果给补药清扫障碍。

很多人说自己虚不受补。但是不能因为不受补而不补,那只会加大亏空,而是要先祛湿,湿气没清除彻底时进补就会有虚不受补的不良反应。但湿气往往是表象，虚才是本质，去掉表象，才能深入改善体质的实质。

无论是橘红还是陈皮，都可以自己制作，秋天橘子上市时用橘子皮做就可以。注意，是橘子不是柚子，它们的性质是不同的。如果是做陈皮，多放置一段时间效果会更好。之所以叫陈皮，也是突出其久置、陈旧之意。比如今年吃的橘子皮留到明年或更久远一点，才有陈皮之意，但在保存过程中要避免霉变、腐烂。

还有人会问，现在市面上新会陈皮价格很高，是不是价高才好？这就说到了中药的资源问题。很多高价药物是因为资源稀缺才贵的，地道的药材都相对贵。如果是治疗重病，最好选地道的，贵点儿也值得。

## 咽痛、干咳、口干、大便干、胃肠负荷过重，吃萝卜

中医有个名方叫三子养亲汤，是当时的名医为了孝敬父亲而创立的，用莱菔子、芥菜子、苏子煎汤服用。这三种籽类药都是温性的化痰药，可以帮助阳气日渐不足的老年人化解痰湿，冬天吃萝卜的原理也与此近似，因为萝卜籽就是莱菔子。

不过，萝卜的生熟不同，治疗的侧重点也不同。

**咽痛、干咳、口干、大便干**

## 生吃萝卜

- **做法** 生吃萝卜或用萝卜和芹菜或梨一起打成汁，稍微加点儿冰糖调味。
- **功效** 一来明显缓解咽痛，二来其中丰富的纤维素可促进大便的排出。

**胃肠负荷过重**

## 熟吃萝卜

- **症状** 气胀，食积，痰多。
- **做法** 熟吃萝卜。

## 咽痛，吃蜂蜜萝卜糖或冰糖萝卜

冬天干燥，总容易咽痛，不妨在家做蜂蜜萝卜糖或冰糖萝卜，好吃而且能缓解感冒症状。

**咽痛**

## 吃蜂蜜萝卜糖

**做法** 只需要准备普通的象牙白萝卜或水萝卜，总之是平时可以生吃的萝卜就可以。洗净后切成小块，加入适量的蜂蜜腌制，等萝卜在蜂蜜中浮起后，就可以捞出食用了，每次咽痛的时候吃一点，疼痛会得到一定的缓解。

**止咳、利咽**

## 吃冰糖萝卜

**做法** 象牙白萝卜洗净，在萝卜的上部1/3处横切一刀，用小刀把下部中心掏空，注意留1厘米左右的边，在空洞中放入冰糖，然后把萝卜上部盖好，周边用牙签固定好，把萝卜放入密封罐，放入冰箱保存。五六天后拿出来打开，萝卜里面的冰糖已成浓汁，这种甜甜的萝卜汁有很好的清肺、止咳、利咽效果。

## 干咳、咽痛日久，吃苹果白扁豆膏

如果干咳、咽痛日久，已经因为干燥或慢性病的消耗伤阴了，就可以用苹果。因为苹果入脾经，脾是"气血生化之源"，无论是能润肺的津液，还是能养人的气血，都是从脾化生而出。我们可以自制苹果白扁豆膏。

**干咳、咽痛日久**

### 吃苹果白扁豆膏

**做法** 选苹果2或3个，洗净，去核，打成泥，白扁豆10克，麦冬10克，陈皮10克。后三味药先煎，开锅20分钟后滤出药材、留下药汁，下入苹果泥，与药汁小火同煮至逐渐变稠变浓，加蜂蜜调味后即可食用。

**叮嘱** 白扁豆平和健脾，麦冬增加补阴力量，陈皮健脾化湿还能调味，这样的苹果膏可以在干燥的冬天每天吃，既能从根本上润燥，又有健脾护胃之效。

## 3 总是上火？你应该补这里

上火是一种常见的症状，当你吃多了辣的、油炸的、煎炒的，或者很干很脆的食物，比如干果、饼干等，都有可能出现上火的症状，比如长口腔溃疡、长痘等。这种情况一般都是真的上火，也很好治，去火药对它们都很管用，稍微泻几天肚就好了。

但有一种上火发生频率很高，吃去火药却不管用，这是为什么？我见过一个三十多岁的女性，很瘦，总是上火。一开始吃去火药还有效，慢慢变得无效了，即便煎炸的、辣的食物一点都不吃，还是容易上火，咽干痛，后来发展到路过街边的烧烤摊或者炸油饼摊，即便不吃，只要闻到那个味儿，过一会儿也会咽痛，已经到了"见火就着"的程度，即便吃去火药还是控制不住。

她的舌头很瘦，和她的体形一样干瘦，这是明显缺少津液的一种表现。她之所以这么容易上火，就是因为她身体中的阳相对超过了阴，她是因为阴虚而上火的，而人的身体应该是阴阳平衡的。

为什么说这种超过是相对的呢？因为她体内阳气不是真的有多高，而是阴的水平降低了，就算阳气处于正常水平，也远远超过了阴。身体的火多过水，自然就上火了，所以，她的这种火是虚火。

治疗这种上火，肯定不像前面那种，简单用去火药把多出来的火灭了就行，而是一定要把虚了的阴补上去，使阴和阳处于同一水平，在补阴的同时去火，上火的顽疾才能治好。

### 1 上实火怎么办？

**症状**：吃辣、偶尔熬夜出现口腔溃疡，大便干燥，甚至口臭。

**做法**：吃牛黄清胃丸、黄连上清丸，泻泻肚就好了。

但如果口腔溃疡反复发生，纠缠不休，甚至一个月发作几次，这就已经不属于实火了，因为中医有"久病无实"的说法。慢性、长期的疾病多是因为虚，这样的上火是需要进补的，包括口腔溃疡，如果去西医的口腔黏膜科就诊，给出的药物都是免疫调节剂，其实也是在调整免疫方面的不足。

具体到中医，这样的虚火该怎样进补呢？要根据全身的状态来判断和治疗。

## 2 气虚导致的上火

**症状**：口腔溃疡或牙龈红肿；身体很容易疲劳，到了下午几乎撑不下来，不睡午觉就低热；舌头是胖的，有齿痕。

**做法**：吃补中益气丸。

## 3 阴虚导致的上火

**症状**：慢性咽炎，体形偏瘦，手脚心热，冬天也把手脚放在被子外边。

**做法**：吃六味地黄丸。

这两味药，要买它们的水丸或浓缩丸，使用的时候不是口服而是口含，要含在嘴里，尽量与溃疡面贴近、接触，直到药物完全在嘴里融化，相当于给创面上药，同时通过口腔黏膜吸收，也是另一种方式的口服药。

阴虚的人除了上火，还会口渴严重，特别是晚上睡觉时，如果有这种情况发生，又年过五十，先要排除糖尿病，很多人是因为口渴发现血糖高的。如果血糖没有问题，仅仅是渴，才可以按阴虚来进补。方法也很简单，就是一杯好喝的茶：麦冬10克，乌梅3个，加点儿冰糖。这杯药茶比普通水要解渴，因为麦冬是甘味的，乌梅是酸味的，这是中医补阴时最好的"酸甘化阴"组合，它们是通过补阴实现去火解渴的。

## 4 能助眠的中成药，哪种更适合你？

失眠很常见，现代人治疗失眠，特别愿意先用中药试试，实在不行再吃安眠药，因为大家觉得中医治失眠，没有什么不良反应和依赖性。

的确是这么回事，之所以没有依赖性，是因为中医治失眠，其实是安神。中医的安眠药，其实应该叫安神药，它不是生硬地使你入睡，而是消除引起失眠的原因，从源头根治失眠。

在中医看来，一般情况下，导致失眠的原因有虚实之分，虚的大多是脾气虚导致的心血不足，心神失去心血的濡养而到处"游荡"，由此失眠；实的则是因为心火太旺，使心神不能安宁，由此失眠。针对不同情况、不同症状的失眠，有些中成药可以直接改善，下面讲讲最常用的5种。

## 人参归脾丸

人参归脾丸特别适合办公室人群，因为长期的工作压力，让他们更容易脾虚。

为什么这么说呢？胃肠神经是人体的第二大脑，和情绪的关系最密切。想想看，如果你已经坐在餐桌边上了，接到了批评你的电话，通常马上就没胃口了；精神总处于高度紧张状态，也会不想吃饭。这种情况经常出现，你的消化功能可想而知不会好，失眠也会紧随其后。

这类人通常会有消化不好的毛病，而且容易疲劳，加上睡不好，久而久之，就会处于恶性循环中，气血无从化生，心神也因此失去了濡养，要打破这个恶性循环，就要补脾。

对这类人，一般推荐人参归脾丸，通过补脾而补益气血，使心神得养。可以说，人参归脾丸是劳心者失眠时的专用药。

## 柏子养心丸

柏子养心丸和人参归脾丸很像，但柏子养心丸安神补虚的力量更强，针对的是失眠，而且有特别胆小情况的人，比如有的人身边稍微有点儿响声就吓一大跳，为此会心悸、心慌很久。这种人一般是气虚,他们的失眠不会因为累了而减轻,反倒可能越累越失眠,是典型的虚性失眠。人参归脾丸效果不好时,可以试试柏子养心丸。

## 复方阿胶浆

复方阿胶浆里有人参、党参、熟地、阿胶四味补气养血的药,没有一味助眠的,比如酸枣仁、五味子之类的药,但很多手脚冰凉、面色萎黄、有气无力的人吃了它之后,不仅这些问题改善了,睡眠也变好了。很显然,这类人的失眠也是虚性失眠,越累越睡不着,睡眠改善其实是因为他们虚弱的状态改善了。

在所有助眠药里,复方阿胶浆是补养力量最强的一个,它是改善体质在先,安眠在后。

## 天王补心丹

前面几种中成药都是针对气血虚引起的失眠,天王补心丹是针对阴虚的。如果你失眠的同时口舌生疮,特别是舌尖长口腔溃疡,又有大便干燥、手脚心热这样的症状,人也偏瘦,那可能就是阴虚体质或阴虚状态。当你失眠的同时有上火的感觉，就需要用天王补心丹。

## 朱砂安神丸

朱砂安神丸主要针对的是实性失眠。如果你不仅失眠，而且总是一惊一乍的，白天也很难安静下来，总感觉坐立不安、心烦，可以试试朱砂安神丸。朱砂安神丸清热镇静的作用比较强，适合用它的人，除了失眠，一定还有心烦、舌尖很红这样的症状，这些都是心火盛、心神不安的表现。前面的天王补心丹针对的是阴虚失眠，朱砂安神丸针对的是阴虚没有控制住而导致上火的失眠，所以朱砂安神丸里用了能清热的黄连。

因为是清心安神的药物，所以朱砂安神丸一般比人参归脾丸见效快，人参归脾丸是要纠正脾虚体质，需要一定的时间。但清火通常不需要太长时间，心神安了之后，这个药就可以停或减量，因为阴虚而失眠的患者就可以改用天王补心丹来助眠了。

## 5 睡眠不好、便秘，喝阿胶蜂蜜汤

古往今来，最被历代中医青睐的滋补之物就是阿胶。因为阿胶是"补血圣药"，而且阿胶是入肾经的，所以立秋之后，中医建议吃带阿胶的方子。

出自中医药典《仁斋直指方》的阿胶蜂蜜汤最适合秋冬滋补。《仁斋直指方》中介绍，阿胶蜂蜜汤，久服能润肠通便，对老年血虚、津液匮乏者，可养血生津、延缓衰老，是养生保健的良方。

阿胶我们都知道其功效了，那么蜂蜜又起到什么作用呢？

李时珍在《本草纲目》中写道："蜂蜜入药之功有五：清热也，补中也，解毒也，润燥也，止痛也。生则性凉，故能清热；熟则性温，故能补中；甘而和平，故能解毒；柔而濡泽，故能润燥。"可见蜂蜜有清热、补中、解毒、润燥、止痛的功效，直接食用蜂蜜可以清热，烹饪后食用则性温平和，可以补中。

阿胶蜂蜜汤中的蜂蜜通过熬煮性温且润燥，与阿胶搭配，一个补气一个补血，既能滋阴润燥，又能润肠通便。如果在阿胶蜂蜜汤的基础上，加入适量葱白，可以增强行气通腑的力度，因为葱白具备辛散之力。

加入葱白的阿胶蜂蜜汤尤其适合老年人。人在盛年时气血充沛，到了老年，往往气血与体质同步衰弱，因此很多老年人会有便秘的问题。坚持喝阿胶蜂蜜汤，能助老年人养血生津，增强体内气血的推动力。

还有哪些人群适合喝阿胶蜂蜜汤呢？秋天日照强度降低，汗液散发不像夏天那样通畅，人体往往会出现肠胃湿热不清、内火上升的证候。喝阿胶蜂蜜汤，正是对症的疏导与调理。医书上说，对以下两种人，阿胶蜂蜜汤最为适宜：一种是晚间睡眠极迟、吸烟及谈话过多的人；另一种是老年阴分不足，肠中干燥，排便困难的人。

---

**睡眠不好、便秘**

## 喝阿胶蜂蜜汤

**症状** 晚间睡眠极迟、吸烟及谈话过多；老年阴分不足，肠中干燥，排便困难。

**原料** 阿胶6克，连根葱白3根，蜂蜜2匙。

**做法** 先将葱白用100毫升水煮沸，再放入阿胶、蜂蜜，三样一起以文火烊化，汤就完成了。饭前趁温热服用，每天喝一次即可。

## 6 期前收缩、窦性心动过速，喝炙甘草汤或太子参麦冬阿胶汤

西施是中国古代的绝世美人。西施之美，是通过一个成语体现的——"东施效颦"。还有一个对西施更具体的形容——"西子捧心"，估计西施当时还有以手托心的"强迫性体位"，有如此体位的西施，得的是什么病呢？

最大的可能是心脏期前收缩或窦性心动过速，期前收缩是心律不齐的一种，心跳之间的间隔改变了，后面的一跳提早了，所以称为早搏，即期前收缩。和心律不齐一样，这样的心跳自然会引起供血的紊乱，供血的紊乱又反过来影响心脏本身，由此进入一个恶性循环，体质变得更差，以至于造成了美人蹙眉。

之所以会产生期前收缩，一种是本身体质所致，另一种可能和心肌炎有关，是心肌炎后遗症之一。现在心肌炎挺多见的，特别是

青中年人,他们不把感冒当回事,而很多病毒性感冒的病毒可能侵犯心肌。感冒时没休息好,甚至还增加运动量,都可能加重心肌损伤,这时往往以为症状轻可以自愈,结果却造成了期前收缩。

对于期前收缩,张仲景的《伤寒论》中有个方子叫炙甘草汤。

## 炙甘草汤

**原料:** 甘草12克,生姜9克,人参6克,生地30克,桂枝9克,阿胶6克,麦门冬10克,麻仁10克,大枣30枚。

**做法:** 煮汤喝。

其中阿胶是关键的一味,因为阿胶是"血肉有情之品",是"补血圣药",入肝经,而肝是藏血的,肝血是全身的血库,只有血不虚、氧气负荷足够、每次泵血都不跑空,心脏才不会多跳、快跳。所以阿胶的使用非常讲究,上好的道地东阿阿胶,是用山东东阿县独有的东阿地下水和东阿黑毛驴,由一辈子炼胶的老师傅慢慢炼成的,中医称之为道地药材。

除了心肌炎导致的期前收缩,有的人即便没有心肌炎病史,劳累久了仍有"脉结代"的问题。这在中医里属于内伤所致，因为太劳神了，用脑过度，心血暗耗，这种情况在年终总结、项目汇报等精神高度紧张时多见。因为劳神导致的气血虚，往往舌质很瘦甚至干而且偏红，这就是阴血耗竭的表现，有这样舌象的人应该注重调理了，即便不至于全方喝炙甘草汤，也应该用太子参、麦冬送服东阿阿胶，药茶维护，及时防微杜渐。

> **"脉结代"问题**
>
> ## 喝太子参麦冬阿胶汤
>
> **原料** 太子参20克（夏天时，可以将20克太子参换成10克西洋参），麦冬10克，东阿阿胶5~10克。
>
> **做法** 熬水喝。

这个药汤同样是气阴双补的，可以算是炙甘草汤的简易版，尤其适合劳心者夏天保养之用。

# 7 脱发、失眠、头晕，喝龙眼阿胶汁

现代精神压力的增大和生活不规律，都是导致年轻人失眠的根源。如果让他们坚持吃药，又做不到，那么有没有其他的缓解方式呢？

我的一位朋友，因为孩子失眠又不愿意坚持服药而苦恼。她的孩子上高中三年级时有两个月熬夜特别厉害，每天只睡3~4小时，压力又特别大，从那时起孩子开始失眠。后来上了大学，整个宿舍睡眠时间不统一，孩子失眠更频繁了。这位朋友一直给孩子买一些治疗失眠的口服液，可孩子喝了一段时间就停，说宁愿失眠也不想再喝了，一是觉得难喝，二是经常忘了喝。于是我就给她推荐了龙眼和阿胶，只要搭配好装成一小包，孩子每天上课带着冲一包也很方便，而且酸酸甜甜的口感，孩子也愿意喝。

《本草纲目》记载，龙眼有养血、养心、安神、定心的功效，尤其适合妇女产后补血及心悸失眠者食用。

《本草纲目》中称赞阿胶为"补血圣药",为补血药物中的最佳代表。

龙眼和阿胶的组合还可以帮助妇女产后康复。妇女产后如果体力迟迟不能恢复,就意味着血虚现象严重,这时可用龙眼阿胶汁滋养治疗。此方用到的材料少,功效却很明显,起效迅速,喝起来十分可口,是妇女产后强身、祛病的好帮手。

龙眼阿胶汁还可以治疗脱发、失眠及头晕。中医认为,凡血虚者,容易呈现面色发黄的体征。平时还会四肢冰凉,暖都暖不热;有时低头捡东西,动作稍急促,甚至觉得眼前突然一黑。这些症状都是因为血虚。

---

**脱发、失眠、头晕**

## 喝龙眼阿胶汁

**症状** 脱发、失眠、头晕。

**做法** 龙眼肉 30 克,阿胶 10 克,白蜜少许,加入纯净水熬煮即可。

## 8 疲劳、心慌、失眠，吃五味子膏、桑葚膏帮你补虚损、抗衰老

秋天是个很适合进补的季节，比起吃药，其实我更建议大家食补。食补就是将中医养生理论落实在每天的生活中，具体到秋天，该吃什么补上之前的亏空呢？下面介绍两种膏，一个是五味子膏，一个是桑葚膏。

先说五味子膏，之前是清宫中给慈禧吃的，中国宫廷医学在保青春抗衰老方面始终引领着中医学的发展，因为皇帝唯恐自己早死，也最有本事用民脂民膏来为自己延寿。清朝御医专门为慈禧研制了一种可以延缓衰老的五味子膏，主治的病症有个关键点，就是虚脱。

这个虚脱不是我们常说的因为低血糖或炎热导致的休克昏厥，而是因为虚导致的身体各种功能的失职，比如大汗、多尿，身体各种分泌物的稀薄、量多，失眠、心慌等，总之是身体"hold不住"时出现的种种脱管表现，漏水就是脱管的一种。

之所以叫五味子这个名字，是因为它具备了五味。中医讲，五味分入心、肝、脾、肺、肾五脏，上到心慌失眠的心气虚、肝气虚，中到出汗特多的肺气虚、垂涎三尺的脾虚，下到尿多、走肾频繁、白带多、甚至遗精、滑精的肾虚，都在它的治疗范围内。这些也是肾虚时会相继出现的症状。

五味子膏制作起来非常简单，自己在家就可以做。可以到药店买五味子250克，用水洗净，泡半天，然后下锅煮，开锅后再煮半小时就可以了。

**心慌失眠、出汗特多**

## 吃五味子膏

| 症状 | 心慌失眠的心气虚、肝气虚，中到出汗特多的肺气虚、垂涎三尺的脾虚，下到尿多、走肾频繁、白带多、甚至遗精、滑精的肾虚。 |
|---|---|
| 原料 | 五味子250克。 |
| 做法 | 用水洗净，泡半天，然后下锅煮，开锅后再煮半小时。之后，去掉渣滓，用蜂蜜或饴糖调味，把它们一起熬制到稍微成膏状，放凉后放在冰箱中，这道五味子膏就做成了。 |
| 叮嘱 | 蜂蜜或饴糖不要放过多，否则会发胖。它的味道是酸甜的，每天可以吃10~20克，餐前餐后吃都可以。 |

除了五味子，还有一种食材很适合做成膏在秋天吃，就是桑树的果实——桑葚。晾干了的桑葚是一味很好的补肾药，在很多养发乌发的药物中，都有桑葚的影子，算是干果界含金量很高的食材了。我们吃零食，会吃葡萄干、蓝莓干等各种水果干，但这些基本都没有桑葚有价值。

如果你是头发早白、枯黄、脱发，眼睛干涩的人，桑葚对你就很适用，每天可以吃10~20克，如果是新鲜的可以再多些。我也非常推荐把桑葚熬制成膏，和前面说的慈禧吃的五味子膏制作方法类似。

**头发早白、枯黄、脱发，眼睛干涩**

## 吃桑葚膏

- **症状**　头发早白、枯黄、脱发，眼睛干涩。
- **原料**　干桑葚250克或500克。
- **做法**　煮汁后捣碎，加蜂蜜或冰糖调成膏状，放在冰箱里储存就可以。

## 9 熬夜,烧脑又伤心,喝生脉饮或复方阿胶浆

中医在说到起床时间时,提到了"以待日光",意思是要在太阳升起时起床。而夏天白天长,天黑得晚,受此影响起床时间和其他三季都不同。夏天的早晨五六点钟太阳就出来了,就该在这时起床,即所谓"夜卧早起",晚睡早起是夏天该有的作息。

夏天的生活作息,似乎让熬夜的人晚睡、少睡有了一个很好的借口。但事实上,夏天的消耗是全年最大的,因为天热,代谢率高,夏天的熬夜损伤也就更大,很多问题都是在熬夜之后出现的。如果熬夜了该怎么补?具体一点说,不仅要补脑,更要补心。

### 补脑、补心

现在人白发多,年纪很轻就出现白发,为什么?这与压力大、

思考时间长有直接关系。中医讲，用脑过度会直接导致肾虚，头发早白就是肾虚的结果。

经常熬夜的人除了补脑，补心也同样重要，因为中医讲"心者，君主之官，神明出焉"，意思是心决定了思维和意识。中医的心包括心脏和大脑，心脏供血的好坏决定了大脑功能的好坏。

熬夜时，大脑不休息，心脏为了保证大脑供血自然也不能休息。所以有些人熬夜之后会心慌、胸闷、头昏，就是因为心脏一直在加班工作，一夜没休息，到了白天跳动无力了，只能多跳、快跳。即便如此，给大脑的供血依旧不足，心慌、胸闷、头昏就是这么来的。

长期熬夜会对心脏有多大的损伤呢？我们经常听到猝死的消息。很多人明明身体很好，年纪轻轻，第一次发作心脏病就去世了。除了心脏确实有没被发现的隐患，熬夜加班往往是诱因。如果还有抽烟喝酒的习惯，人再胖一点，心脏负担就更大了。这些因素加在一起会伤心，猝死就是伤心的极端结果。所以，熬夜之后，不仅要健脑，还要补心，从帮助心脏应对重新开始的一天。

尤其是夏天，心率变快，心脏负担是一年中最重的。这就更需要借助补心气的药物，所谓"春夏养阳"。这也是夏天中医会让有以上情况的人喝生脉饮或复方阿胶浆的原因。

**夏季补心脏**

# 喝生脉饮或复方阿胶浆

**症状** 心率快、心脏负担重。

**做法** 喝生脉饮、复方阿胶浆。

    生脉饮里含有人参、麦冬和五味子。其中人参入心经，直接给心脏补充能量。复方阿胶浆则是人参、党参配合，补心气的力量更强。虽然这两味药都不是补肾的，但是借助它们，人的思维能力会提高，精力会变得旺盛，肾虚的病状也可以得到改善。这些补心的药物增加了心脏的力量，因此可以更好保证大脑的供血，使大脑这个肾所主的髓海充盈，熬夜及生活中的类似伤肾之举带来的后果也就减轻了。

## 10 慢性咽炎总不好？喝麦冬沙参肉桂茶

很多人有慢性咽炎、慢性扁桃体炎，如果稍微累了或着凉了，病就会发作或加重。他们为此喝了各种清咽茶，其中多是青果、胖大海、木蝴蝶等，最初效果还可以，第一次使用都能见效，但很快就无效了，甚至越来越严重。是慢性咽炎本身加重了，还是这些药茶导致了病情加重呢？其实都有可能。

患慢性咽炎的人一般有个与急性咽炎相反的特点：身体特别怕冷，腰以下尤其明显。当你出现身体下面怕冷、上面却上火的矛盾情况，往往就不知道该去火还是该散寒了。之所以喝了清咽茶后病情加重，就是因为治错了。

慢性咽炎、慢性扁桃体炎，很像我们平时说的上火，大多数人的确会按照上火吃药，如果你是偶尔发生的咽炎、扁桃体炎，吃去火药可能的确是有效的，但如果常年如此，哪有那么多的火？中医说得很明白，"久病必虚"，时间很长的病，一般都不是上火，多是虚性的，不管是咽炎还是咳嗽，或者其他毛病，都要从补虚的角度根治。

除了虚，慢性咽炎、慢性扁桃体炎的人往往体质还很寒凉，这个寒就"冻"住了身体的肾阴、肾水。如果吃了太多寒凉的食物，穿得太单薄，水不能上升与火交融，水火呈现分离状态，火没有水的牵制就要虚妄，这就是我们说的各种上火，比如咽痛、咽炎、扁桃体炎等问题。

传统的青果、胖大海之类的清利咽喉的药物用久了会不管用，是因为这些药物都是寒性的，虽然可以短时间内扑灭上面的火，但因为药性太寒凉，又加重了肾水的封冻，下面的水更上济不了上面的火。所以，这类药物多是在偶尔有效之后，就再没有效果了，甚至会加重咽炎，不夸张地说，这就是治反了。

要想改善慢性咽炎、长期上火的情况，必须鼓动肾水，使之上济，能有这个效果的一定是热药，而且还是很热的、入肾经的药，这就是肉桂。其实，在我们平时炖肉时也会经常用它做佐料。

单独一味肉桂同样能鼓动肾水，这也是中医交泰丸的方意，交泰丸里只有两味药，一味是黄连，一味是肉桂。黄连苦寒，入心经，降心火，不使火炎上；肉桂辛热，入肾经，暖肾水，使其上润。寒热并用，可得水火既济。

这个方意才是治疗慢性咽炎的正途，如果你觉得黄连太苦，换成麦冬、沙参配上肉桂，咽部很快就舒服了。

之前有一个多年慢性咽炎的患者咨询我，我就让他用麦冬、沙参各 10 克，肉桂 8 克熬水喝，三天后，他的咽部就清爽了。其中肉桂的用量可以根据身体的虚寒程度增减，一般是 4~10 克。

**慢性咽炎**

## 喝麦冬沙参肉桂茶

**症状** 慢性咽炎，身体特别怕冷，腰以下尤其明显。

**原料** 麦冬、沙参各 10 克，肉桂 8 克。

**做法** 熬水喝。

## 11 三种尿频，这样治就好

尿频大家会经常听到，也是不少人常遇到的问题，总想小便。同样是尿频，其中的症状和产生原因可能是完全不同的。下面讲讲三种比较常见的尿频。

### 尿频的同时每次小便量很少，甚至根本没尿，但尿意频频，尿的时候痛，小便发黄甚至尿血

第一种，在夏天比较常见，尿频的同时每次小便量很少，甚至根本没尿，但尿意频频，尿的时候痛，小便发黄甚至尿血。从西医角度讲，这就是最常见的尿路感染，女性更多见，80%的女性在一生中有过这样的经历，因为女性的尿道短。

通常在夏天高发，大家普遍认为是天热上火了，喝水少、出汗

多，小便少了，没什么大不了的。但每次小便其实也是一次泌尿系统的自洁机会，尿不出来或尿量不够，自洁的机会少了，细菌就容易繁殖，感染就出现了。面对这种情况，西医多会用抗生素，比如头孢或甲硝唑等，一般服药三天就可以康复了。

**尿频时小便量很少**

## 吃头孢或甲硝唑

**症状** 尿频的同时每次小便量很少，甚至根本没尿，但尿意频频，尿的时候痛，小便发黄甚至尿血。

**做法** 吃头孢或甲硝唑。

如果是中医，会用清心利尿的方式，因为中医认为心和小肠相表里，中医的小肠包括泌尿系统，清心火的药物大多能利尿，所以可以选择导赤散、三金片等清心火的药物。如果没严重到吃药的程度，只是感觉小便不舒服，可能是慢性尿路感染又要发作了，这时可以赶紧吃点儿西瓜，因为西瓜是入心经的，而且利尿效果很好，可能会帮你躲过一次发作。我们可以说，西瓜既是食物中能退热的"白虎汤"，也是食物中能治疗尿路感染的"导赤散"。

> **尿频时小便量很少**
>
> ## 吃导赤散、三金片
>
> **症状** 尿频的同时每次小便量很少，甚至根本没尿，但尿意频频，同时尿的时候痛，小便发黄甚至尿血。
>
> **做法** 吃导赤散、三金片。

## 尿频、尿多，衰老导致的肾功能不好

再讲讲第二种尿频，是真的尿多，尿意是因为尿多产生的。这种尿频不是膀胱的问题，而是肾脏的问题，大多是肾脏的重吸收能力下降了，水分缺少重吸收这个环节的浓缩，所以尿量增多。肾脏重吸收能力降低，一般可能是两种原因造成的：一种是糖尿病，因为血糖高伤及肾功能；另一种就是衰老，随着年龄增长，肾脏的重吸收能力下降。

如果是血糖高导致的尿频，先要去除原发病，一定要严控血糖，防止血糖高导致进一步伤肾；如果是衰老导致的肾功能不好，也包括身体状态的衰老，不一定是年龄。这种尿频更多见的是夜尿多，因为躺着的时候，肾脏的血流增加，被重吸收的水分更多。

从中医的角度来说，这需要补肾，可以用五子衍宗丸，一般吃三天，夜尿就会明显减轻。因为中医补肾可以改善全身的衰老状态，肾功能不足的局部衰老，也在它改善的范围内。

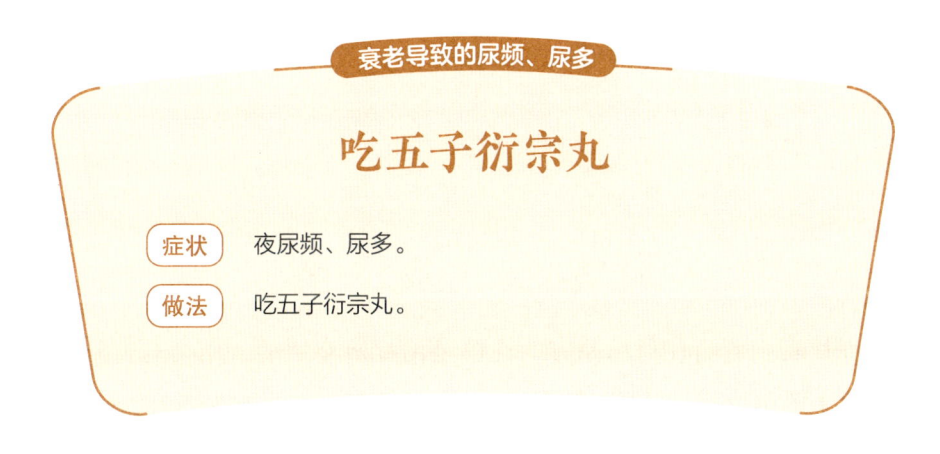

> **衰老导致的尿频、尿多**
>
> # 吃五子衍宗丸
>
> **症状** 夜尿频、尿多。
>
> **做法** 吃五子衍宗丸。

## 膀胱肌肉痉挛导致的尿频

第三种尿频，是膀胱肌肉痉挛导致的。我接触过一个病例，她是大学生，总想小便，但每次量又很少，也没有尿路感染的尿痛、尿血，既不是肾功能不足的尿量多，也不是尿路感染的小肠有热。那是什么呢？其实，这种情况不是病了，而是膀胱肌肉过度敏感，频繁收缩刺激的尿频。我给她用了张仲景《伤寒论》中芍药甘草汤里的两味药，芍药和甘草。

让她用芍药20克，甘草10克，开水冲泡代茶饮，喝了三五天，尿频的问题就解决了。为什么芍药和甘草能治疗这种尿频的问题？因为她的尿频是膀胱肌肉痉挛导致的。

## 膀胱肌肉痉挛导致的尿频

# 喝芍药甘草汤

**症状** 膀胱肌肉痉挛导致的尿频。

**做法** 芍药 20 克，甘草 10 克，开水冲泡代茶饮，喝三五天。

其实，芍药甘草汤原方的注解是治疗脚挛急的，用芍药、甘草作为主药就是因为它们能缓解肌肉痉挛，很多腿抽筋但并不缺钙的人，就是用这个方子治好的。

肌肉痉挛的表现形式很多，除了脚抽筋，也可能是肚子痛，还可能是膀胱肌肉过度敏感而频繁收缩。后世医家发现，大部分肌肉痉挛都可以用芍药、甘草缓解。具体到这位女大学生的情况，按照中医分析，病因是肝郁，血脉不能濡养肌肉导致的肌肉痉挛，用养血柔肝的芍药，配缓急止痛的甘草，将局部痉挛的肌肉舒展开，痉挛引起的尿频问题也就减轻了。

其实，这位女大学生的情况也提示我们，不是所有尿频都需要抗感染，也不是所有尿频都是衰老、肾虚导致的，面对尿频，需要对症下药，不是单一清热消炎或补肾就都能解决的。

## 12 夜尿多,吃导赤散或喝黄连阿胶汤、西洋参阿胶汤

夜尿多是中医辨证肾虚的指标之一。如果一夜起来两次以上,就算是夜尿多。一个人如果年过五十,仍旧可以一夜不起,至少说明他的肾功能是好的。

为什么夜尿多就可以指证肾虚呢?因为我们的肾脏有重吸收功能,可以将即将排出体外的水再浓缩一次,就此减少水液的流失。而这个功能在肾脏出现问题或肾功能开始下降时最先降低,比如糖尿病患者,如果血糖控制不好会影响肾功能,就会出现夜尿多的问题。

中医讲的肾虚就是衰老,而肾功能下降就是衰老的表现之一。所以,中医治疗夜尿多一般都会补肾,以提高肾功能达到抗衰老的目的。

很多人只是对肾虚和衰老的关系有初步了解,就给自己下了肾虚的结论,特别是女性,为此吃了不少五子衍宗丸、缩泉丸。这两

个的确是中医用于改善肾功能、治疗肾虚的名方，但效果不明显，为什么？很多人夜尿多不是因为肾功能下降，而是因为睡眠不好，或者睡得很浅造成的，一点尿意就能让他们清醒，而且焦虑状态下尿意会被放大，所以会不断起夜，但真解小便的时候，尿量并不多。尿量多与否，也是判断是不是肾功能下降的关键。当肾脏重吸收功能下降的时候尿会很多。如果只是因为睡眠浅、睡不踏实而频繁起夜且尿量不多，那么问题就不是出在肾功能上。

对这种尿量不多的人，要想减少起夜，关键是要让他们睡得实。所以，对于这种患者不能补肾，而是要安心神。但人只要平躺，流经肾脏的水分就是坐或站立时的几倍，所以，躺着的时候更容易尿多，但正常睡眠时，人感觉不到这种尿意，不会起夜，睡不好的人自然总觉得有尿。

一般夏天容易发生尿路感染，很多人的感染就是在因为什么事情着急之后，比如飞机误点，后面有急事要处理却处理不好，或者家人生病，这些都可能是诱因。轻微感染也会增加尿意，总觉得想尿，这也是起夜多的又一个原因。

与其称为夜尿多，不如说是起夜多，针对它的治疗就需要清心火、安心神。

有个利小便清心火的中成药叫导赤散，是中医治疗尿路感染的，既可以减少感染引发的尿意，也可以清心火，让人睡得安稳一点，从而使心烦减轻一点。

## 夜尿多

### 吃导赤散

- 症状　起夜多。
- 做法　吃中成药导赤散。

导赤散治疗的是心火盛的轻症，如果心火盛严重，伤了心阴，单纯清心火就不够了，还要补心阴。这就要用到著名的安神方——黄连阿胶汤。黄连阿胶汤是《伤寒论》中的名方。黄连和阿胶是主药，黄连清心火，阿胶养心血、收敛心火，再辅助黄芩、白芍，分别加重清热和养阴的力量。它适用于夏天失眠或者因为尿意频繁而睡不好的人。也可以将其简化为黄连配阿胶，用黄连熬水喝，加点冰糖调味，用这个水送服阿胶。

## 失眠，尿意频繁睡不好

### 喝黄连阿胶汤

- 症状　失眠，尿意频繁而睡不好。
- 做法　黄连 5 克，阿胶 5~10 克，熬水喝。

如果没有严重到夜里失眠，但动不动就被尿意唤醒，可以把黄连换成西洋参。西洋参既有人参的补气作用，又没有黄连清心力量那么大，还能清心火，对改善夏天出现的睡不实足够了。用西洋参10克代茶饮送服阿胶，这个味道也更容易接受，可以算是黄连阿胶汤的"微苦版"。

### 改善夏天出现的睡不实

## 喝西洋参阿胶汤

**症状** 没有严重到夜里失眠，但睡不实，动不动就被尿意唤醒。

**做法** 用西洋参10克代茶饮，送服阿胶5克。

## 13 总有白痰怎么办？

感冒好了，但总有痰，或者根本没感冒过，但始终痰多，很多人觉得这一定是有火，有肺热，应该去火，清肺热。事实上，如果你这样做，痰会持续增多，因为痰多在多数情况下，不是因为上火，而是因为虚，特别是清稀的白痰。

先要知道痰是怎么产生的。人体支配内脏的神经，有交感神经和副交感神经之分，从进化角度上看，副交感神经比交感神经低级，正常情况下，都是高级神经、高级器官占主导地位。所以，一个人健康、年轻时，交感神经占主导；到老了，身体虚弱的时候，副交感神经才能顶替接班，而副交感神经是可以使体液，包括唾液、痰、鼻涕的分泌变淡、变稀、变多的。

很多老年人虽然没有多么严重的肺病，也没感冒，但总是咳嗽痰多，他们抱怨自己就像一个"垃圾盒子"，每天早上起来，先要吐出去一堆痰才舒服，而且痰的质地很稀，不是黄痰，一天下来不断吐痰，而且频繁流涕。就是因为他们老了，副交感神经这种相对低级的神经占主导，所以分泌出这么多稀痰。

从中也可以看出，痰多，特别是没有感冒无缘由的痰多，而且质地很稀，本质是因为老了，因为老而变虚了。即便有些人年纪尚轻，但体质弱，或因为疾病消磨变成了虚弱体质，在一段时间中，也会有痰多而且清稀的情况，从西医角度讲是副交感神经支配占主导所致，中医角度讲就属于脾虚，身体里的"物流"运输不给力了，没能及时化解、排出代谢物。

了解了这些，我们也就知道，痰多，特别是白痰、稀痰，不能像年轻人感冒那样吃过多的清肺类药物，因为清肺类的中药多是寒凉的，也无须吃抗生素，因为本身没有炎症，只是功能失调了。而且现在的研究结果也发现，如果按中药的性质划分，抗生素的性质是寒凉的，把这些寒凉的药物用在已经虚了的人或者年老的人身上，无效不说，还会使他们更虚弱，等于是治反了。

这种情况应该怎么做才能化痰呢？既然这种痰是因虚而起，就要补上这个虚，也就是健脾，提高身体的"物流"运输能力和速度，尽快排污。中药里的白术、茯苓都有这个作用，而针对白痰本身的化痰药，也一定要用温性的，因为这种痰是水液代谢不足导致的，需要蒸干多余的水分，而只有温性药物有蒸化水湿的能力。像针对黄痰的黄芩、栀子之类的药物，都是寒凉的，不仅蒸化不了水湿，还有损自身的蒸化能力，是痰多而且清稀的人的服药大忌，所以对这些痰多稀白的人来说，中成药里有"清肺"字样的药物都要慎用，比如羚羊清肺丸、黄连上清丸之类。

最适合去除这种多余痰液的是二陈丸，二陈丸里的陈皮和半夏都是温性的，正好温化寒痰、虚痰。如果想在这个基础上增加脾气的运化能力，还可以配合香砂六君子丸，其中有六味健脾的药物。这些药物不仅可以化痰，还可以健脾补虚，用这些药物先改变脾虚体质，再改善脾虚产生的虚痰。

### 治白痰

## 吃二陈丸配合香砂六君子丸

**症状** 白痰、稀痰多。

**做法** 吃二陈丸配合香砂六君子丸。

如果痰多没严重到非吃药的程度，也可以每天用 10 克陈皮泡水代茶饮，也有化痰的效果。特别需要注意的是，白痰、稀痰多的人，即便不用前面的这些办法，也不要用清热化痰的药化这种无由增多的稀痰。因为用清热化痰的药会降低身体自身的化痰能力，结果可能会适得其反。

## 14 健忘、腰膝酸软、乏力，喝核桃桂圆肉阿胶汤补肾

冬天寒冷干燥，却是进补的大好时机。那么我们应该从哪方面入手配合季节养生呢？中医典籍《素问·六节藏象论》给了我们答案，书中说，肾是身体的根本，是五脏六腑贮藏精华的地方。骨骼健康，头发茂密、黑且有光泽都离不开肾。

现在人们工作压力大、生活节奏快，不知不觉就会导致肾虚。最明显的表现就是脱发、白发、失眠、皮肤失去弹性、脸色不好。大脑消耗的能量越多，肾作为身体的根本亏空越多。如果不及时补充，就会有更多肾虚的问题，比如健忘、早衰、腰膝酸软、乏力等。

所以如何补肾，让肾持续不断地供应能量就是关键了。除了规律的生活、充足的睡眠保障，冬天进补也是个不错的选择。通过改善日常的饮食来补肾的好处就是可以细水长流地补肾，也可以随时填补新亏空。

教大家一道简单的甜品，既好吃又补肾。

**补肾**

# 喝核桃桂圆肉阿胶汤

**原料** 阿胶 15 克，核桃 60 克，黑芝麻 30 克，适量的桂圆肉和冰糖。

**做法** 先将黑芝麻用锅炒香，备用；再将阿胶、核桃、黑芝麻、桂圆肉及冰糖放入炖盅内，放入适量热水，隔水炖 3 小时即可。可以连汤带渣一起喝。

**叮嘱** 这几项配伍，黑发养颜只是外在表现，其真正功能全在补肾。

## 15 便秘、四肢酸痛、须发早白，喝葱胶汤

俗话说："秋冬进补，来年打虎。"是不是意味着炎炎夏日，专注清热去火就好，不需要进补了呢？通常大家认为夏天本就是生发之机，这个时候再进补，岂不是要冒火了？

夏天为什么需要进补呢？别忘了中医有"冬病夏治"的说法。夏天不仅适合治疗冬天的病，还需要进补。

给大家推荐一个北方人常用的养生食疗秘方——葱胶汤。

阿胶性味甘，可以入肝经养血，复入肾经滋水，为养血润燥、养肺清热药剂。也就是说，阿胶能够一股脑地把肝、肾、肺这些在中西医学认知上重要程度相通的要害器官全部温柔地呵护到。

大葱的重点药性是辟腥味、解寒气，因而但凡烹饪寒性食物时，必定加葱调和，以便去腥解毒。而阿胶与大葱配伍，解除了滋补到错误方向的风险，可保药性不至于走偏。

## 便秘、四肢酸痛、须发早白

# 喝葱胶汤

**原料** 阿胶 20 克,葱适量。

**做法** 先将葱切细,阿胶捣碎,一起用水煎,等阿胶烊化,一道葱胶汤就大功告成。每日早晚各一次即可。

葱胶汤的特点是"补而不滞",两味原料和谐默契,相互助力,促使药效得到最大发挥,用来养血润肠最好不过。

当出现血虚便秘、阴气不足、肌萎无力、四肢酸痛、须发早白、眩晕心悸等亚健康症状时,为自己精心炮制一道葱胶汤,坚持服用一段日子,上述症状应当可以消失了。

## 16 胃不好，喝阿胶山药莲子粥

现在很多人的饮食习惯慢慢偏向于高能量、高油脂等食物，据数据显示，年龄在20~40岁的人群，将近有一半可能患有轻重不同的胃病，如果不及时进行控制，最后有可能发展成胃癌。

日常生活中，如何通过改变饮食习惯来养护虚弱的胃呢？

《红楼梦》中说道，有次宝玉卧病在床，王夫人赶来殷勤询问："你想什么吃？回来好给你送来。"宝玉笑道："也倒不想什么吃。倒是那一回做的那小荷叶儿小莲蓬儿的汤还好些。"宝玉所说的小莲蓬儿，就是莲子。莲子的确对脾胃有助益，也难怪贾宝玉病中惦记。

不过《红楼梦》中没有详细说明小莲蓬儿羹的制作方法，这里推荐一个同样适合脾胃虚弱或者生病后需要进补的人食用的粥，就是阿胶山药莲子粥。

《本草纲目》上说，莲子有收敛作用，可以补脾胃之虚弱。中医认为，莲子不仅是日常食用的营养佳品，还有着使人收敛、强壮，以及补中、安心、止泻的功能。

> **脾胃虚弱**

# 喝阿胶山药莲子粥

**原料** 莲子30克,阿胶10克,糯米100克,怀山药适量。

**做法** 莲子先用沸水浸泡片刻,再去莲心后待用。阿胶要敲碎,并研成细末,放入莲子肉碗中,搅拌均匀,一起隔水蒸熟。再加入做好的山药糯米粥,温软清香的阿胶山药莲子粥就做好了。

可能有人会产生疑问,阿胶滋腻,那脾胃虚弱能不能食用呢?大家都知道"万病皆由气血生",各种病症都是由气血不和而导致的。因此要以调养气血为主,"扶元固本"就是要想方设法地让气血充足。当我们夸赞一个人气色好,会说"神采奕奕",大体就是神气充足的意思,而阿胶正是具有此作用的明星食材或药物。

不仅如此,《神农本草经》认为阿胶"久服轻身益气"。"轻身"所指的是清除那些积累在身体中的疾病,去除体内有毒有害因素,让生命力恢复蓬勃、自由、轻灵。

与李时珍同时代的医学大家缪希雍说阿胶"入肺肾,补不足,故又能益气,以肺主气,肾纳气也。"由此可见,阿胶在缓解疲劳方面的功效也是非常卓越的。

## 17 胃痛、感冒、咽痛，丁香、陈皮等可以派上用场

日前，有朋友来家里做客，刚吃第一口饭就开始胃痛。这可与我的厨艺无关，美食还没进到肚子里呢。他回想起前一晚喝了冰啤酒，估计是胃受凉了。于是赶紧找药，翻出气滞胃痛冲剂，鉴于他喝冰啤酒的时间，倒了两袋冲剂，又加了一勺饴糖，二十多分钟后，朋友胃痛缓解，我的厨艺一点没糟践。他感叹中药也能快速见效，我说："即便没有中药，厨房里也能找出让你快速止胃痛的佐料。"

**喝冰啤酒胃痛**

### 口服气滞胃痛冲剂

症状　胃痛。

做法　口服气滞胃痛冲剂。

之前，我在江苏卫视录健康节目期间，有个编导因为吃了冷饮配炸鸡，胃像滞住了一样，食物一直待在胃里一动不动，不仅胃痛，还食欲全无。所幸当时刚录完美食节目，录像棚里有炖肉用的佐料，我从中找出了丁香、陈皮，让他马上用开水泡了喝，四十分钟后，我录像结束，他跑来告诉我："不仅胃痛好了，还开始饿了。"

> **吃了冷饮配炸鸡，没有食欲**
>
> ## 用丁香、陈皮泡水喝
>
> **症状** 吃了冷饮配炸鸡，没胃口，胃像滞住了一样。
>
> **做法** 丁香、陈皮，用开水泡了喝。

其实，我们日常做菜的佐料有很多都是中药，而且多是入脾胃经的，能健脾温中，化湿止痛。比如丁香能理气；砂仁、豆蔻、陈皮能化湿；生姜、肉桂、茴香能温胃；还有做烘焙常用的饴糖，饴糖是所有糖里唯一可以药用的。

我给朋友吃的气滞胃痛冲剂，里面有柴胡、元胡、枳壳、香附、白芍、炙甘草。这个方子理气的作用重，缓急的作用轻，缓急就是对胃肠的柔和安抚。所以我特意加了一大勺饴糖，为的是与白芍一起增加养胃的比重。因为饴糖是用粮食发酵的，秉承了粮食的健脾作用，所以饴糖除了是温性的，更有补和养的效果。

如果是脾胃虚寒的人，又吃了冷的或受了寒，出现胃痛或马上要着凉感冒，可以用生姜切片煮水后加入饴糖，一般是15克生姜，配10~20克饴糖。

> **吃了冷的或受了寒胃痛**
>
> ## 喝生姜饴糖水
>
> **症状** 吃了冷的或受了寒，出现胃痛或马上要着凉感冒。
>
> **做法** 用生姜切片煮水后加入饴糖，一般是15克生姜，配10~20克饴糖。

如果因为饮食不节制导致胃有饱胀感，食欲很差，可以用丁香10克，开水冲泡或煮沸三五分钟，加入10克左右的饴糖，在理气的同时养胃。

## 饮食不节制导致不想吃饭

### 喝丁香饴糖水

**症状** 饮食不节制导致胃有饱胀感,食欲很差。

**做法** 丁香10克,开水冲泡或煮沸三五分钟,加入10克左右饴糖。

如果感冒后咳嗽日久不愈,可以将鸡蛋打散后用开水冲成鸡蛋汤,加入10克饴糖。鸡蛋黄是滋阴的,加上饴糖增加滋润效果,可以通过健脾来护肺。

## 感冒后咳嗽日久不愈

### 喝饴糖鸡蛋汤

**症状** 感冒后咳嗽日久不愈。

**做法** 将鸡蛋打散后用开水冲成鸡蛋汤,加入10克饴糖。

如果天气干燥,出现干咳、咽痛,可以用柚子肉加温水和饴糖后打成汁。一般是半个柚子配 10~20 克饴糖，这杯酸甜的果汁可能帮你躲过一场感冒。

**天气干燥，干咳、咽痛**

## 喝柚子肉饴糖水

症状　干咳、咽痛。

做法　半个柚子配 10~20 克饴糖，柚子肉加温水和饴糖后打成汁。

如果是饮食失调后容易感冒发热，可以将 500 克白萝卜捣烂绞出汁液，加 20 克饴糖，熬煮开锅后三五分钟即可，放凉后代茶饮，对脾虚的大人及孩子积食导致的痰热咳嗽都很有效。

**容易感冒发热**

## 喝白萝卜饴糖饮

症状　饮食失调后容易感冒发热。

做法　将 500 克白萝卜捣烂绞出汁液，加 20 克饴糖，熬煮开锅后三五分钟即可，放凉后代茶饮。

# 18 胃不舒服，喝山药小米粥，按摩足三里穴

中医有句话叫"十人九胃"，夸张地说就是十个人中有九个有胃病。虽然没有确切的统计数据，但从这句话可以看出，胃病已经变成一种非常普遍的疾病。2022年中国医师协会和中华医学会最新发布的"上消化道疾病患者趋势及处方偏好调研"中的数据显示，消化道疾病发病已经呈现年轻化的趋势，医生们观察到23~34岁的胃病患者比例在近年明显上升。

为什么胃病会找上年轻人呢？这和当下年轻人生活习惯欠佳有很大的关系，年轻人过量饮用浓茶、咖啡，饮酒，且嗜食辛辣、油腻，不规律吃饭等一系列饮食问题都有可能导致胃病发生。

先说咖啡、浓茶、酒精，这些饮品不但会使人的食欲降低，还会引起胃液分泌增加，刺激胃壁。长期喝咖啡、喝酒，特别是经常空腹饮用的人，过度刺激胃酸分泌，容易腐蚀胃黏膜，引起胃痛、腹泻等胃肠不适，最终诱发慢性胃炎等疾病。除了这些饮品，吃辣、

油腻的外卖食物，都会造成胃黏膜的损伤，从而引发胃病。

再说吃饭不规律。很多年轻人白天工作，好不容易到晚上有了自己的时间，习惯性地熬夜开启夜生活，殊不知，熬夜也是造成胃病的原因之一。中医认为，夜间睡眠是养阴的，长时间熬夜容易引起阴血亏虚，如果累及胃阴，就容易引起胃部隐隐作痛，饥而不欲食的胃阴虚症状。除此之外，熬夜第二天就容易起床困难，为了多睡一会导致耽误吃早饭的时间，长时间空腹，也给脾胃造成了很大负担，导致胃炎、胃溃疡和消化不良等多种疾病。

除了饮食不当，当下年轻人工作忙碌，思虑过多，每天为了工作方案和房贷、车贷焦头烂额。过多的焦虑会造成肝气郁结，在中医理论中肝和脾有非常密切的关系，肝气郁结也会导致脾胃气机疏泄不利，造成胃胀、胃痛等胃病症状。所以早在《金匮要略》中就曾提到"见肝之病，知肝传脾，当先实脾"，说的是因为肝和脾两个脏腑特殊的关系而产生的胃病。所以，思虑过多、急躁的生活也是胃病的催化剂。

基于以上诸多原因，年轻人反而成了胃病的高发人群。年轻人应该如何预防或治疗胃病呢？

首先就要改变生活习惯，尽量清淡规律饮食，三餐按时吃，如果确实没有时间做饭需要靠外卖，尽量规避生冷、辛辣、油腻等刺激、不易消化的食物。

其次，糜粥滋养。俗话说"胃病三分治七分养"，如果已经出现胃肠不适，可以多喝一些健脾养胃的粥，可以用半根山药、半碗小米、5颗大枣、15粒枸杞煮粥，煮出来的粥可以帮我们补益脾胃，而且味道也不错。除此之外，可以经常用破壁机制作米糊，好喝且健康。

**养胃**

### 喝山药小米粥

原料　半根山药，半碗小米，5颗大枣，15粒枸杞。

做法　一起煮粥喝。

最后，选择一些健脾养胃的穴位时常按摩，比如大家都熟悉的足三里穴。

### 按摩足三里穴

做法：足三里穴位于小腿前外侧，在外膝眼下4横指，距胫骨前缘1中指宽度的位置，按摩足三里穴可以治疗胃痛、呕吐、腹胀、消化不良、腹泻、便秘等几乎全部的胃肠不适。

**嘘寒问暖**

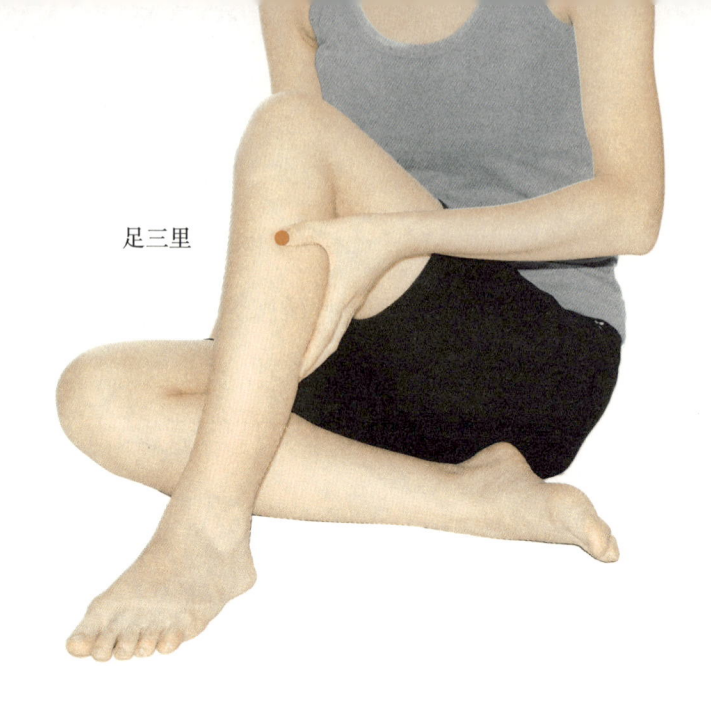

足三里

早在《黄帝内经》就有关于足三里穴治疗脾胃病的记载:"邪在脾胃,则病肌肉痛,阳气有余,阴气不足,则热中善饥;阳气不足,阴气有余,则寒中肠鸣、腹痛;阴阳俱有余,若俱不足,则有寒有热,皆调于三里。"可见足三里穴善治脾胃病是自古至今所有医家的共识。

总体来说,在快节奏的当今社会,年轻的朋友更要好好爱护自己的脾胃,热爱生活,远离"年轻胃病"!

## 19 头昏眼花、失眠，喝阿胶牛肉汤

冬天不仅气温低还很干燥，人们需要高蛋白的食物帮助御寒，比如牛肉。牛肉是一种常见的食物，尤其适合冬天吃。冬天吃牛肉不仅可以达到暖身的效果，还可以有效改善精神不振、乏力，缓解压力，同时对皮肤也有一定的保护作用。中医认为，牛肉具有补中益气、补脾胃、强筋骨、化痰熄风、止渴、止流涎的作用，适用于中气郁结、气短、筋骨无力、贫血头晕者。营养学研究认为，牛肉特别适合术后及疾病后调理、补充失血、修复组织的人群及生长发育者。

应该怎么选牛肉呢？《韩氏医通》记载："黄牛肉补气，与绵黄芪同功。"而《医林纂要》则认为："牛肉味甘，专补脾土。脾胃者，后天气血之本，补此则无不补矣。"简而言之，牛肉能补脾胃、益气血、强筋骨，中气不足、气血两亏、体虚久病、颜面苍白的人，尤其适合多吃牛肉。

中医认为，不同的牛肉有不同的性质和味道，黄牛肉甜而温，水牛肉甜而冷，所以冬天要多选择黄牛肉取暖。如果是有湿疹、过

敏和其他皮肤病的人则适合水牛肉，不容易上火。黄牛肉适合骨质疏松的中老年人及平时有体虚乏力等气虚表现的人。

吃牛肉，搭配有讲究。牛肉的吃法也非常多，比如最简单的萝卜炖牛腩，胡萝卜、白萝卜都可以，还有咖喱牛肉。在家还可以学做罐焖牛肉，方法简单但味道营养都一流。如果从食疗的角度来说，牛肉与不同的食材搭配就有不同的功效。

推荐一道家常靓汤——阿胶牛肉汤。

体质虚弱、病愈之后或老年体力衰减与贫血的人，常喝牛肉汤，本来就已经很滋补，若将阿胶与牛肉一并熬制，滋补的力道更会翻番。

**体质虚弱、病愈之后或老年体力衰减与贫血**

## 喝阿胶牛肉汤

**原料** 阿胶15克，牛肉100克，米酒20毫升，生姜10克。

**做法** 牛肉去筋切片，注意一定记着去筋，与生姜、米酒一起放入砂锅。再加水适量，文火煮30分钟，加入阿胶及适当调料，溶解即可。

**叮嘱** 阿胶牛肉汤滋阴养血，温中健脾。最适合头昏眼花、心悸少眠、面色萎黄的人群。如果女性有月经不调、经期延后，或者孕妇胎动不安的，也很适合喝这一款阿胶牛肉汤。

## 20 总长口腔溃疡、动不动咽干痛，吃这几种中成药

有很多人，特别是女性，饮食很清淡，油炸、高糖、辛辣的都不敢吃，但舌苔总是腻，而且频繁长口腔溃疡。即使吃黄连清胃丸、牛黄上清丸之类去火药，前两天有点效果，很快也就没用了，而且胃肠更加不舒服。

吃去火药就胃不舒服，是典型的脾胃虚寒，都虚寒了为什么还频繁上火长口腔溃疡？针对这种矛盾表现，《金匮要略》中有个名方——泻心汤。

可能很多人觉得奇怪："不是脾胃的问题吗？怎么治心去了？"因为胃在心下，"心下痞"是泻心汤的主证，泻心其实是针对脾胃这个中焦的。

有位江西的女性咨询者30岁后就不敢吃水果了，如果吃也一定要煮熟了趁热吃，稍微吃得不合适，就胃里不舒服，且频发口腔溃疡。我推荐给她的是由甘草、黄芩、半夏、大枣、黄连、干姜组

成的甘草泻心汤的原方。吃了一周之后，溃疡好了，舌苔也不腻了，后来每次溃疡要发，马上吃这个方子，多年来困扰她的口腔溃疡逐渐不再发生。

只可惜，大部分人认为长口腔溃疡就是上火，要用去火药，很多口腔溃疡因此成为慢性疾病。因为口腔中细菌多，免疫力正常时才能与身体相安无事，一旦免疫力低，细菌就会乘虚而入。而脾虚的人免疫力多是低的，女性脾虚的概率更高。脾是"谏议之官"，这个职位在古代是专门给皇帝挑错的，所以中医的脾相当于身体的纪检委。而去火药是寒凉的，寒凉会直折阳气，这个阳气就包括身体的免疫力。因此张仲景特意写道："医见心下痞，谓病不尽，复下之，其痞益甚。此非结热，但以胃中虚，客气上逆，故使硬也。甘草泻心汤主之。"意思是，医生见患者胃里堵，看到口腔溃疡了，就用泻药，结果堵得更厉害，因为泻药折伤脾气，越去火，虚火越重。

还有一个病例，仅仅因为一碗猪肚胡椒汤，咽部肿得说不出话。这个人生活在广东东莞，但脚一年四季都是冷的，晚上睡觉，她老公都不敢挨着她。足底是肾经、脾经和胃经循行处，这里的寒凉势必影响脾、胃、肾这三个参与水运的关键脏腑。稍微吃点儿热的，水不能上去救火，就开始上虚火了。

对这种上热下寒，中医要引火归元。让患者保证双脚不受凉，每天用热水泡脚，然后在足底的涌泉穴贴吴茱萸这样热性的足贴来温暖肾经，使肾水可以上行"灭火"。但很多时候，单纯靠足贴、泡脚暖脚的效果并不好,因为这类人的脾胃也不好,中焦这个"枢纽"是堵着的,这就阻遏了上下水火的交济。所以,在引火下行的同时,必须要健脾,要想根治频繁发生的口腔溃疡,动不动咽干痛,难愈的咳嗽,一定要用到泻心汤,其中干姜、人参、大枣就是用来健运中焦的。

可惜的是,泻心汤没有对应的中成药,只能用几个可以买到的成药加减化裁。

### 脾胃不好,喝水就难受

## 吃参苓白术丸

- **症状** 脾胃不好,喝水就难受。
- **做法** 用参苓白术丸。

### 吃了东西就胃胀

## 吃香砂养胃丸或者加味保和丸

- **症状** 吃了东西就胃胀。
- **做法** 用香砂养胃丸或者加味保和丸。

## 很容易反酸烧心

# 吃加味左金丸

**症状** 很容易反酸烧心。

**做法** 用加味左金丸。

有了溃疡，可以对应用这几种成药，配合黄连清胃丸或三黄片。需要注意的是，黄连清胃丸、三黄片都是寒性的，相当于泻心汤中黄连、黄芩的作用，这样寒热并用，兼顾到上火的标和虚寒的本，才是上热下寒之人的去火正途。

## 21 小毛病不想吃药？厨房里这几味佐料能帮到你

我们平时做饭时，离不开厨房里的佐料，这些佐料用得好了，不仅能给食物调味，还能改善食物的偏颇之性，甚至可以作为治疗日常小毛病的"药"。

我们买的炖肉料中一般还会有草果、豆蔻、白芷、茴香、八角、干姜等，这些是讲究的美食家炖肉必放的佐料，它们有个特点，都是温热的。为什么中国人做肉菜特别是炖肉，一定要放温热性质的佐料？因为中国人非常了解自己的体质，我们是一个脾虚大国，脾虚的体质所占比例最多，而脾虚，狭义上就是消化能力弱，特别是消化肉类的时候。消化时需要的消化酶、胃肠蠕动，都是需要热量的。

我们胃肠中的消化酶，只有在体温适宜的时候才能发挥生物效应，而且胃肠的蠕动非常需要能量。如果吃进去的食物是凉的，首先会影响消化酶的活性，再加上胃肠蠕动无力、排空缓慢，食物就会停滞在胃肠中了，这就变成了我们常说的消化不良、积食。很多人吃了涮羊肉又喝了冰啤酒之后，胃好像呆住了，几天没食欲，打酸腐味道的嗝，就是因为这种凉加上肉，超过了胃肠消化能力，脾虚湿滞了。

如果你在做肉的时候加上一些温热的佐料，就等于在吃的同时帮胃肠增加了能量，增加了化湿的本事，可以在一定程度上避免肉食难以消化的问题。另外，在饮食不化的时候，用草果、陈皮、丁香这些佐料泡杯茶，不用走出厨房，也能改善消化问题。

除了消化问题，在夏天容易得的"胃肠型感冒"，也可以借助这些炖肉的佐料。"胃肠型感冒"大多是受凉导致的，由于吃得又不合适，发热的同时会伴恶心呕吐，一般我们会喝藿香正气水，这的确可以；实在没有藿香正气水的时候，干姜、茴香、胡椒、八角、桂皮、豆蔻、草果、白芷、陈皮这些佐料泡水代茶饮，喝上两天，折磨人的"胃肠型感冒"也就过去了，因为它们都是辛温芳香的，作用在我们的身体，效果和藿香正气水很像。

### 胃肠型感冒

## 喝藿香正气水

**症状** 受凉，吃得不合适，发热的同时恶心呕吐。

**做法** 喝藿香正气水或用干姜、茴香、胡椒、八角、桂皮、豆蔻、草果、白芷、陈皮泡水代茶饮。

## 22 吃梨能治干咳、咽痛，痛很久了吃苹果

进入秋天以后，空气往往会变得比较干燥，润燥便是秋天养生的重点。说到润燥，人们首先想到的通常是梨和甘蔗，而秋天也是这些水果上市的季节。我们先讲梨，说起润燥的水果，大家一般第一个想到它。梨是归肺经的，性凉，而人们在咳嗽、咽痛的时候，多是肺经有热，此时用性质偏凉的梨，能轻微地去肺火，这也是我经常推荐给大家的一个办法。之前我们就介绍过用梨来去火通便的办法，同样的，如果你咽痛、口干、大便干，觉得马上就要上火了，也可以用这个办法。

但如果你已经干咳、咽痛很久了，已经因为干燥或慢性病的消耗伤阴了，梨的润燥力量就不够了。这时建议吃苹果，因为苹果的润燥力量更强，它的润燥是通过补阴完成的，而补阴才是最根本的润燥。

梨本身含水量比苹果大，而且性质偏寒，所以更适合急性的、临时的润燥，比如扁桃体发炎急性期，吃梨可以当即补水，而且梨也有清热的效果。一旦过了急性期，到了伤阴的阶段，梨的功效就差了。

为什么会这样呢？一个原因是梨是寒性食物，不适合在逐渐变凉的秋冬多吃，会加重脾胃虚寒；另一个原因就是不入脾经的梨，不能从根源上增加身体的津液，润燥的时候会后程乏力，这个时候就需要吃苹果了。

苹果是入脾经的，味甘而微酸。中医讲"酸甘化阴"，意思是酸味和甘味的食物配合，可以化生身体所需的阴液。苹果本身就兼顾了酸和甘，又加上它是入脾经的，所以苹果是一个可以从根本上化生阴液的水果，它的润燥深度比梨要深得多，效果更持久。

更重要的是，苹果本身性质是平的，不温不凉，没有梨的寒凉和橘子可能引发的上火问题。也是出于这个原因，很多"国医大师"每天吃一个而且坚持吃了一辈子的水果，不是梨也不是橘子，而是苹果！因为他们知道，无论是干燥的春秋，还是"寒包火"的冬天，水果的清润功效都非常重要，而这个职责，非入脾经的苹果莫属。

### 想深度润燥，苹果和梨一起打成汁

**做法**：苹果一个，梨一个，加温水打成汁，带着渣滓一起喝。

## 23 干瘦、虚弱、吃"厨房版"的薯蓣丸——怀山药

人们都知道"虚不受补"意思是虽然体质很虚，但是一补就出问题，比如上火之类的，无法接受补益之法和补益之品。

的确是有这种情况，那是不是"虚不受补"就只能不补了？绝对不是，因为"虚不受补"的人，往往虚弱非常严重，他们更需要补，只不过这个补十分需要技巧，从这个角度上说，"虚不受补"其实是对医生的提醒，而对患者来说，只要虚都需要补，而且必须补。

有一种"虚不受补"的人，他们身体非常瘦弱，免疫力特别差，稍微一点风吹草动都要受影响。这样干瘦的人，通常是阴虚，稍微补点热药就上火，这是比较棘手的"虚不受补"。

其实这种情形，医圣张仲景早在《金匮要略》中就已经提到了，他把这种情形称为"虚劳诸不足"：干瘦、虚弱、各种酸软无力，好像什么地方都虚，而且消化功能特别弱，什么都不敢吃，吃多一点就难受，这就导致他们更虚、更弱，更容易患其他疾病。张仲景

专门为这种人开出了一个方子,叫薯蓣丸。

　　分量排在最前面的三味药,奠定了这个方子的主攻方向:其中薯蓣是全方用量最多的,薯蓣就是怀山药,之后是甘草和大枣。这三味药是为了濡养脾胃之阴的,因为"虚不受补"的人,脾胃已经干枯、劳损,没有津液滋养,怎么可能有消化食物的功能?所以要用这三味药先滋养脾胃。

　　怀山药是植物的根,正宗的怀山药,质地紧致,不像一般的菜山药那样含水多,它就是靠这种紧致的质地,才得以在结实的土壤中伸展生长,最大限度地浓缩养分的。怀山药是入脾、肾二经的,古代医家知道怀山药的补肾功力,所以薯蓣丸重在改善脾胃虚极的状态,从补肾的深度去健脾,先改善这个人对营养的承受能力,再补充营养。所以薯蓣丸是"虚不受补"之人的专方。

　　遗憾的是,薯蓣丸没有对应的中成药。没关系,直接吃怀山药就可以,怀山药其实就是"厨房版"的薯蓣丸。如果你是一个虚劳诸不足的人,不妨每天用怀山药代餐、加餐,因为怀山药是药食同源的食材,而且性质平和,一般不会有上火和寒凉的问题,用它补肾,最好能每天吃100~150克,持之以恒,才能有薯蓣丸的效力。

**干瘦、虚弱、酸软无力**

## 吃"厨房版"的薯蓣丸——怀山药

症状　干瘦、虚弱、各种酸软无力，好像什么地方都虚，而且消化功能特别弱，什么都不敢吃，吃多一点就难受。

做法　每天吃煮怀山药 100~150 克。

## 24 舌头发红、孩子哭闹、大便不通、小便黄怎么办？

中医看病，辨体质，要望闻问切四诊合参，望诊中最关键的就是看舌头，包括看舌头本身的颜色、胖瘦，以及舌苔的颜色、厚薄、湿润状态。很多人看到自己的舌头很红时，就觉得有火了。有个孩子的妈妈看到自己女儿舌头红，像中医说的"杨梅舌"，特别担心孩子有病或火太大，首先考虑是不是需要吃去火药。

正常的舌头是淡红的，就像健康的面色是要有点血色的，如果舌头的颜色很淡，一点血色都没有，通常说明这个人是血虚，血虚的人嘴唇颜色也一样很淡，血没能供应到舌头和嘴唇，所以颜色淡。

舌头的颜色太红自然也是不对的，但是不是真的有病，要区分两种情况。

第一，要排除是不是刚吃完饭或喝完热水，这些会导致舌头的血管扩张，颜色会变红，这是正常的。

第二，如果是孩子舌头红，特别是舌边、舌尖红，并不意味着和成年人一样是上火了。舌边、舌尖红是心肺有热、有火,这在成年人身上是病状,但在孩子身上有时是生理状态,因为孩子是"心常有余"的,意思是孩子容易心火盛。

孩子的神经系统还不成熟,所以会说哭就哭,我们形容天气像孩子的脸,说变就变,中医认为就是心火盛的结果,西医看来就是神经系统发育还不成熟,但某种程度上这是正常的,因为孩子处于生长发育阶段,生命之火就应该比成年人旺盛,如果不这样,意味着孩子的代谢很低,发育迟缓。也正是这个原因,不能因为孩子舌头红就过分去火,保持适度的火力是孩子生长所必需的。

当然,这个火一定要是适度的,如果已经出现大便干、小便黄,那就过度了,意味着火已经到了需要去的程度。如果不及时通大便,肺火重很可能诱发上呼吸道感染,因为肺与大肠相表里;如果不及时利小便,因为心火盛,孩子就会夜里哭闹、烦躁,如果是成年人,那就会有心烦、失眠,甚至尿路感染的问题。

**舌边红,大便干**

## 吃黄连上清丸、芎菊上清丸

- 症状　肺火重,舌边红的同时大便干。
- 做法　吃黄连上清丸、芎菊上清丸。

**舌尖红，小便黄**

## 吃导赤散

**症状** 心火盛，舌尖红的同时小便黄。

**做法** 吃导赤散。

不过，比起吃药，更好的方法是早一点通过生活方式介入，借助饮食调理，使二便通畅，可以不吃药就防止心肺之火燎原。

我经常推荐给大家的通便、清肺热的饮食方法，就是把芹菜和梨打成汁。

**通便、清肺热**

## 喝芹菜梨汁

**症状** 大便不通。

**做法** 250克芹菜配一个梨，雪梨、鸭梨都可以，加点儿冰糖或蜂蜜，温水打，连渣滓一起喝掉。

**叮嘱** 芹菜和梨都是入肺经的，而且纤维素丰富，通便效果非常好，可以有效地去肺火。

如果孩子上火严重,总是哭闹,也可以用竹叶、麦冬泡茶喝。竹叶、麦冬都是入心经的,能清心火,而且它们没有那么寒凉,对孩子因为心火有余而导致的哭闹烦躁或成年人的心火初起,力度足够了。

> **孩子上火严重**
>
> ## 喝竹叶麦冬茶
>
> 症状　孩子上火严重,总是哭闹。
>
> 做法　用竹叶 5~10 克、麦冬 5~10 克泡茶喝。

## 25 身体水肿,乾隆爱吃的八珍糕帮你减肥

不少人认为自己变胖是脂肪堆积导致的,其实你的肥胖很有可能是身体里多了"注水肉",是"湿"停留在体内造成的,也就是我们常说的"湿胖"。

湿胖,顾名思义是身体里有很多排不出去的水,而水之所以排不出去,是因为身体的代谢能力不足。当身体代谢能力下降时,不仅身体很多该排出去的水排不出去,脂肪燃烧也会相应减少,肥肉开始逐渐堆积。

很多"湿胖"的人身体、面容胖胀不紧致,还会觉得喝了水也不解渴或是喝了就尿……这一系列问题在中医里叫作"水不运化",也就是脾虚,西医则称之为"水液代谢紊乱",意思是身体不会用水了。

我们喝进去的水必须被蒸化成气,才能被身体利用,就像大自然一样,植被茂盛的地方都是潮湿的,水气很重,但绝对不能洪水泛滥,因为植物在洪水里是不能生存的。

同理,脾气虚的时候,就是身体里"发洪水"的时候,会出现身体水肿、总觉得渴或是喝了水也不解渴等症状。这些都是身体没有运水能力的表现,而要想从根本上解决这些问题,必须健脾!

中医常用的健脾药有白术、黄芪、葛根、茯苓之类,其中有一味药特别适合湿胖体质的人吃,它就是被中医称为"四时神药"的茯苓。

茯苓可以在健脾的同时利水,加速水液的"蒸发",当肉里的水都蒸发了,身上的"注水肉"也就没了,人自然就瘦了。更重要的是茯苓药性平和,既不会让人上火也不会过于寒凉,任何人都可以吃,是最适合上餐桌的中药。

清宫药膳中有个"八珍糕",最早是明代的御医为皇子们开的,因为皇子们都娇贵,对饮食也比较挑剔,长此以往很容易消化不良,日久天长就变成脾虚了。

御医就以茯苓为主,配上山药、白扁豆、山楂、麦芽、薏苡仁之类味道不错的健脾药,再加上大米、糯米研成粉状,加糖之后做成茯苓糕,哄着皇子们吃。没想到就是这么个零食,居然屡见奇效,于是后人把这个"八珍糕"视为"医中正道"。

乾隆皇帝到了晚年，因为年纪大了，身体已不如壮年，他吃的八珍糕中还额外加了人参，用白米粉来蒸糕。乾隆活到了 87 岁，在那个年代是绝对的高寿，他每天吃的八珍糕，也就是茯苓糕，功不可没。

我们自己做茯苓糕，没必要加人参，一是身体没有虚到那个程度，二是人参的味道很重，会影响口感。另外，自己在家做"八珍糕"，还可以把茯苓之外的药材都免去，因为中医有个说法，叫"药单力专"，意思是药味少却可以力量专一，只要你能坚持吃，一味茯苓的好处也足够你受用了。

### 茯苓米糕

**做法**：把大米和糯米提前泡一晚，第二天将泡好的米用粉碎机粉碎，得到的米糊和茯苓粉调匀之后加泡打粉，还可以随意地加些果料（它们不会影响茯苓的药效），最后把米糊放到容器里，上锅蒸熟就能吃了。

**叮嘱**：① 因为茯苓性质平和，生熟之间没什么区别，无须额外炮制，可以直接和大米、白面一起制作饭食，而且茯苓的热量比大米、白面要低，相当于吃粗粮。

② 一般来说，一碗杂粮粥的热量只有 47 千卡，一碗米饭的热量是 116 千卡，而加了茯苓的米糕热量和杂粮粥差不多，不仅热量低能减肥，还能帮你去掉"注水肉"。

### 家庭版"茯苓糕"

**做法:** ① 将药店或超市买的茯苓打成粉,每人每天可用 30 克茯苓粉。

② 配上 30~50 克的白面或者米粉(这个比例可以微调,保证一天吃进去 30 克茯苓就好),和匀后加干酵母和水,揉匀醒发(如果着急,索性直接放小苏打,醒 20 分钟左右就可以揉了)。

③ 等到醒发起来,和平时蒸馒头一样将面团揉成形,上锅蒸熟即可。

## 26 头痛、牙痛、失眠、胸闷，按揉太溪穴，叩齿吞津

五谷三餐，食之有道。下面聊聊养阴的小技巧。

很多人有口干舌燥、津液不足、咽部干痒的症状，再加上很多地区暖气很足，更加剧了呼吸道干燥的问题。

下面给大家介绍两个小技巧——按揉太溪穴和叩齿吞津。

太溪穴常用于调理阴虚体质。阴虚指人体精血、津液等阴液不足，机体失于濡养而形成的以口燥咽干、手足心热等虚热症状为主要表现的一种体质状态。太溪穴就是常用的滋阴要穴。

太溪穴是肾经的输穴和原穴，既是肾经气血的汇聚之地，又是肾经气血的"中转站"，气血在此汇聚以后，又以这个地方为据点，向上输布。

太溪穴在肾经的经气最旺，对于肾经的调整作用最强，就好比长江上有很多调控的水坝，但是功能有强有弱，三峡大坝是调控功能最强的。太溪穴，就是肾经的三峡大坝。

临床上太溪穴应用非常广泛。从上到下，无所不及，头痛、失眠、口干、咽痛、牙痛、胸闷、痛经、足跟痛等，很多疾病都可以通过太溪穴治疗。对于阴虚体质的人群，常按摩太溪穴有滋阴补肾的效果，可缓解由阴虚引起的消瘦、头晕目眩、口燥咽干、眼目干涩、心慌失眠、五心烦热等症状。

### 按揉太溪穴

**做法：** 正坐，平放足底，由足内踝尖往后推至凹陷，内踝尖与跟腱之中点即太溪穴。按摩前，先用热水泡脚半小时左右，这样经络通畅性最好，刺激穴位效果最好。然后将脚擦干，将左脚架于右腿上，用右手拇指按揉本穴，也可以使用光滑的木棒或者点穴工具按揉，注意力量柔和，以感觉酸胀为度，千万不可力量过大，以免伤及皮肤。按揉的方向指向足内踝尖所在的胫骨方向，贴着骨头。按揉15分钟左右，然后换右脚，方法同上。

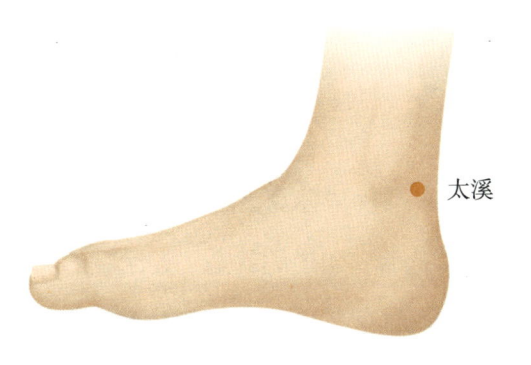

太溪

体内有寒气的人，可通过艾灸太溪穴去除潜伏在体内的根深蒂固的寒气。因为这种寒是冰冻三尺非一日之寒，所以我在临床上遇到这种患者，除了开具温阳散寒的中药外，还会嘱咐患者坚持艾灸太溪穴、关元穴等穴位。

另外推荐一个可以补阴的简单运动，就是道家养生功中的"叩齿吞津"。"齿为骨之余""肾藏精，主骨生髓"，因此常叩齿不仅能强肾壮骨，还可以固齿生津。中医认为口中津液为肾中之精气所化，咽津能滋阴降火。"叩齿吞津"简便易行，每天坚持，可起到养精育阴、益寿延年的作用。

### 叩齿

**做法**：叩齿时，使上下牙齿有节奏地互相叩击，铿锵有声，一般以36次为佳。力度可根据牙齿的健康程度量力而行，还有就是千万别咬到舌头，可以舌抵腭部。

### 吞津

**做法**：吞津就是用舌在口腔内搅动，用力要柔和自然，搅动36次。唾液满口后，鼓腮用唾液含漱数次，最后分3次徐徐咽下。

在药王山上，有一段"孙真人养生经"，其中就有"亥寝鸣云鼓，晨兴漱玉津"，这后一句说的就是"吞津"的养生法。别看"叩齿吞津"动作简单，却是老祖宗辈辈相传的行之有效的养生技巧，大家可以去试试。

## 27 慢性咽炎、扁桃体反复发炎，喝复方阿胶浆

在西医门诊中慢性咽炎、扁桃体反复发炎的患者占比较大。对此，西医治疗多是用抗生素来抗菌，但这些患者反复发作，过几天又来了，抗生素对他们逐渐无效，必须换药或者加大剂量。

遇到这种情况，一些有经验的医生会在输抗生素的同时加用能量合剂，结果，之前失效的抗生素又有效了！过去要拖十几天才好的患者，三天左右就痊愈了。

这里可能会有人问，能量合剂为什么会有这样的效果？其实是因为能量合剂给患者补了能量，白细胞因此有气力"杀敌"了。但能量合剂的效果是一次性的，给了能量合剂的这一次消炎的时间只是缩短了，并没能遏制住后面的复发。这又是为什么？因为能量合剂的主要成分是三磷酸腺苷，就是ATP，这是一切生命活动所需能量的直接来源，用它等于直接给细胞供能，细胞吃饱了，活儿自然干得漂亮。但这顿饱饭吃完之后呢？毕竟能量合剂很快就会代谢完

毕，继续忍饥挨饿的细胞，抗病能力又不足了，在这种情况之下，咽炎、扁桃体炎就又找上门了。

其实，找上门的不只是这些，包括慢性盆腔炎、慢性胃肠炎、慢性尿路感染……所有由急性转为慢性的炎症，都很容易复发，因为它们是白细胞战斗力不足所致。对此，在中医看来，不仅要补气、补能量，更要补血、补产生能量的基础。也就是说，要减少慢性炎症的复发，必须补足气、养好血。

如果说补气是给"现役军"吃饱饭，是强军的话，那么补血则是把"预备役"培训成"现役军"，是扩军，这样才能在质量和数量上都胜过敌人。

中医治病的大法是调阴阳，落实到具体治法上，补气养血就是其中之一，气属于阳，血属于阴。

想要提高白细胞乃至全身的抗病能力，必须气血双补，后世医家将这阴阳双补的"阵营"，扩大为以人参、党参补气，以阿胶、熟地补血，这就是著名的复方阿胶浆。

### 慢性咽炎、扁桃体反复发炎

## 喝复方阿胶浆

**症状** 慢性咽炎、扁桃体反复发炎。

**做法** 喝复方阿胶浆。

补气的人参、党参见效很快，就像能量合剂，直接给"现役军"补充粮草，是直给、直投，但缺点是很快就会耗竭，急需后援。这时补血的阿胶、熟地跟上，等于把培训好的"预备役"转正，这样气血双补，"强军"加"扩军"，正气的补充就接续上了，自然不会像仅用能量合剂那样，因为饱一顿饥一顿而抗敌无力了。

## 28 身体上总是这痛那痛的怎么办？

经常有人感觉只是上了一天的班，回家就会腰酸背痛，甚至浑身疼痛。体质弱的人常出现这种情况。如果去医院检查，又发现不了任何问题。因为X线之类的检查只能查出器质性病变，比如多出了骨赘或腰椎间盘突出到一定程度。如果只是肌肉问题，这样的检查是看不出来的。

针对这种情况，中医有个名方：桂枝人参汤。这个方子是张仲景《伤寒论》中治疗虚性疼痛的经典方。

过去历代名家用这个方子治疗产妇生产后受风导致的疼痛，因为产后是人体气血最虚的时候。

## 气血虚

# 喝桂枝人参汤

**症状** 腰酸背痛,甚至浑身疼痛。

**原料** 桂枝12克,人参15克,干姜9克,炙甘草12克,白术9克。

**做法** 煎汤。

**叮嘱** 服药后最好再喝一碗热的稀粥,盖上被子稍微出点儿汗,随着汗出,疼痛就缓解了。

这个方子里没有一种止痛药,都是温性的补药。医生会嘱咐吃完药后要喝粥,粥属于五谷,可以入脾经。健脾的食物除了能助推药效,还能直接补气血。而人在气血虚时,最容易受寒,虚性的疼痛加上寒凝的疼痛,疼痛就会加重。温热的补气养血药加上热粥,补虚的同时驱散寒邪,疼痛自然就缓解了。

遗憾的是,这个方子没有对应的中成药,但可以用补气养血的成药来做替代品,也就是吃补中益气丸和小建中颗粒,这就兼顾了补气养血。

> **补气养血**
>
> ## 吃补中益气丸和小建中颗粒
>
> **症状** 腰酸背痛，甚至浑身疼痛。
>
> **做法** 吃补中益气丸和小建中颗粒。
>
> **叮嘱** 服药后最好再喝一碗热的稀粥，盖上被子稍微出点儿汗，随着汗出，疼痛就缓解了。

还有一种人，也容易腰酸背痛，尤其不能赖床，越躺腰背越酸。这就是肌肉劳损的症状。因为躺在那里，肌肉保持一个姿势，供血不好，劳损加重就会更不舒服。

从中医角度来说，这是肌肉缺少用血的能力，或者本身血虚，无血可用，而更多的是身体没有把气血推到肌肉上的能力，特别是久坐的人，因为久坐阻碍经络的通畅。中医对此要"升阳解肌"，通过药物将气血升举到肌肉，肌肉有血可用才会有力、不酸痛。

能承担这一大任的中药，其实并不是什么名贵药材，而是在南方超市和萝卜、土豆一起卖的一种药食同源的食材，就是葛根。中医有这样一句话："北有人参，南有葛根。"之所以能和人参平起平坐，是因为葛根能很好地改善身体的气虚状态，只不过不像人参那样靠的是大补元气，而是帮助身体把血升举到肌肉上，这便是中医升阳的意思。

现在人最需要解肌的部位就是颈肩腰背，因为久坐伏案而僵硬疼痛，这种查不出问题的劳损性疼痛，葛根就能提供最好的帮助。

张仲景《伤寒论》里的葛根汤，主要的药物就是葛根，后世用来治疗感冒引起的颈肩腰背疼痛。上班时间长，而且坐着的时间居多，肌肉长期处于疲劳状态，可以靠葛根的"升阳解肌"作用来解乏。

药店里有一种很老的药叫愈风宁心片，就是葛根做成的药片，治疗脑供血不足引起的头晕、头昏、耳鸣及脖子发硬，效果非常好。

---

**脑供血不足引起的头晕、头昏、耳鸣及脖子发硬**

## 吃葛根粉

**症状** 久坐伏案导致颈肩部腰背僵硬及疼痛。

**做法** 直接把葛根打成粉，像藕粉一样吃，开水冲调后加冰糖或蜂蜜，每天吃 30~50 克。

---

因为葛根是中药里的"上品"，包含在国家卫生健康委员会公布的"药食同源"名录中，所以非常平和安全。最好把葛根变成日常零食或替代做菜时用的淀粉（团粉），融入每天的生活中。只要坚持，不仅腰酸背痛会明显缓解，气力也会大增，因为肌肉有了气血的供应，能伸缩自如，自然可以轻松地负重和运动。

## 29 汗多、喝了就尿、湿胖，喝炒白术浮小麦汤；气虚便秘，喝生白术当归汤

白术是健脾的常用药，在健脾名方四君子汤、中成药香砂六君丸及参苓白术丸中，白术都是重要的一味。《本草从新》记载白术是"开胃神药，而其尤能燥湿"。

但去药店购买时我们会发现，白术有生、熟之分。虽然同样能健脾，但作用却不同。如果不了解，很可能与治疗愿望相违。值得注意的是，如果你没有和药店工作人员特别提出，他给你的都是炒白术。如果要买生白术，必须强调要生白术。在中医的处方中，炒白术可以直接写白术，但如果开的是生白术，一定会注明"生"字。

炒白术和生白术在药性上有哪些区别呢？

炒白术也就是熟的白术。我们常说白术是健脾的，实际上更确切地说，白术是"运"脾的，尤其体现在水液代谢上。比如有的人

喝了就尿，喝再多水也不觉得解渴，而且身体总是胖胖肿肿的，这些都是水不运化的结果。而炒白术可以利湿、退肿、开胃，甚至能帮助我们减肥，比如湿胖人常用的药物参苓白术丸，通过利湿使身体变紧致，其中白术功不可没，是白术长于"运"的结果。通俗讲，就是把该运走的东西运走，不让脏东西及多余的水液停留在体内。这样身体不容易生湿，饮食也能被充分消化吸收了。

因为炒白术有"运"的功能，所以它的另一个作用就是止汗。很多女性尤其是患有更年期综合征的，汗很多，看西医的话一般诊断是"自主神经功能紊乱"。虽然很痛苦，但没有特效的西药能止汗。

> 汗多，喝了就尿，湿胖

## 喝炒白术浮小麦汤

**原料** 炒白术10克，浮小麦30克，冬瓜仁10克。

**做法** 煲汤喝。

**叮嘱** 冬瓜仁就是冬瓜的籽晾干后入药。这个小偏方加入冬瓜仁主要是为了利尿，能让身体里多余的水通过小便运走，而不是通过汗液运走。这样一来，汗就止住了。

再来说说生白术。没经过炒制的生白术，同样可以健脾，但没有燥性。中医往往借助它来通便，因为很多人便秘不是上火，不是大便干燥，而是脾气虚。因为脾主肌肉，所以也包括胃肠平滑肌蠕动无力。不少人是因为气虚才便秘的，具体的表现就是排便无力，大便本身并不干燥，这时就要用到生白术。

### 气虚便秘

## 喝生白术当归汤

**原料** 生白术 30 克，当归 10 克，肉苁蓉 10 克，升麻 5 克。

**做法** 熬汤喝。

**叮嘱** 当归除了可以养血，还能润肠。肉苁蓉有很好的润肠作用，升麻入肺经，肺与大肠相表里，通过宣肺气帮助通便。这是虚性便秘的根治性办法，虽然不会像泻药一样马上起效，但坚持服用一段时间后，就可以轻松排便了。

如果是想燥湿，解决喝了就尿、脾虚导致湿胖的问题，要选择炒白术；如果是脾弱、排便无力，则要选择生白术。

## 30 关节痛，用腌菜的大盐温熨局部

天冷了，关节痛的人也多了起来。说到关节痛，很多人会想到关节炎、风湿。事实上，风湿与寒冷没太大关系。大多数关节不适，是我们过度使用关节的结果，与皱纹和白发一样，也是衰老的征兆。

我国约有 1.2 亿人患有骨关节炎，几乎每 10 人中就有一个。生活中引发关节炎的因素有很多，有时是磕磕碰碰导致，有时是因为运动受损，还有些时候是因为受凉……为什么关节问题这么普遍呢？

关节虽小，但用处极大，尤其是膝关节，它是全身最复杂的关节，也是最大的承重关节。关节不适最容易发生在膝关节，因为它太累了。

身体的各个器官组织是有使用寿命的，如果关节的年龄达到了使用寿命，关节处的软骨会变薄、软化、失去弹性，甚至碎裂、剥脱。如果软骨下的骨质增生形成骨赘，就是所谓的骨刺，最终导致

关节疼痛、关节僵硬和活动受限，这便是大家说的关节炎。

几乎所有人到 40 岁时，像膝关节这种负重关节都会有一些骨关节炎的病理改变。如果你是运动员或关节使用频率超过其他人，关节使用寿命会缩短，就会提早出现关节炎。

我之前讲过，中医认为肾虚也是一种使用过度。因为中医讲，久病及肾。慢性疾病可以导致全身肾虚，局部劳损可以导致局部肾虚。关节疼痛就是后者。肾虚的特点就是怕冷，遇冷后关节疼痛加重，因为中医认为肾是生命这棵大树的树根，肾虚时，气血从根基受损，能量也从根基开始不足，局部乃至全身的抗寒能力就下降了。

既然如此，冬天该怎么养护关节呢？

可能有人会说："关节要省着用。"为此甚至不敢运动，这就矫枉过正了。因为适度的运动可增强软骨的"海绵"作用，不断流进流出的关节滑液，既可带给软骨营养，又可保持湿润，同时关节周围的肌腱也会增强，从而降低软骨磨损的概率。只要每天的运动不过量，并且你也不是过度肥胖，慢跑、快走都是可以的。如果有关节的问题，平时要尽量避免半蹲，以及爬楼梯、爬山这些让膝关节承受太大负重的姿势或运动。

另外，如果在疼痛的同时，还有酸软无力的问题，这就提示你肾虚很明显了。这时候可以借助一些补肾的药物。中医讲"肾主骨"，骨骼问题，特别是慢性的问题，多是肾虚导致的。可以服用六味地黄丸、金匮肾气丸等。

除了内服补肾的药物,外治也是关节养护的重要手段,最简单的方法就是用我们腌菜的大盐温熨局部,因为盐是温性的,而且入肾经。

> **关节痛,用腌菜的大盐温熨局部**
>
> **做法:** 把 1000~1500 克大盐用铁锅炒热后,装在一个布袋子里,袋子的大小足够敷住你的关节即可。把它敷在关节上,温度以感觉到热但又不至于烫伤的程度为宜。待大盐变凉,可以拿出来再炒热继续敷。
>
> **叮嘱:** 每天多做几次这样的外敷,关节会轻松很多。

其三就是保温了,外出的时候可以戴护膝。

但要注意,护膝最好只是保温的而不是有弹性的。有弹性的护膝会限制关节活动,在关节疼痛严重时可以使用,但不要长期用,长期用会限制关节周边肌肉的运动。越少使用肌肉,肌肉力量就会越弱,到时关节只能独自支撑,对关节的损伤更大。

## 31 脱发、头发早白，吃二至丸

有头发早白、脱发困扰的人群呈越来越年轻化的趋势，这与人们精神压力大、生活中过度用脑有关。因为大脑是耗能大户，正常情况下，大脑耗能占全身耗能的25%。中医认为用脑过度会暗耗阴血，而头发是血之余，只有身体的阴血充盈到有富余的时候，头发才能被照顾到，一旦阴血虚，头发是身体最先甩掉的包袱。所以，头发早白、脱发，其实就是身体阴血虚的警示。

明白了这个道理，也就明白了，要想乌发养发，血一定不能虚。这就牵扯到两个环节，一个是及时补血，另一个则是减少耗血，只可惜，后者是很难做到的。

二至丸应该是现在人预防和治疗头发早白的利器了。它是中药里唯一一种用节气命名的药物，涉及夏至、冬至两个时间点。

二至丸是清代名医汪昂收在《医方集解》的方子，现在药店也能买到，它只有两味药，一味是女贞子，一味是旱莲草。

二十四节气中，夏至和冬至遥遥相望，女贞子和旱莲草两者配合制成蜜丸，效果更能事半功倍。

关于二至丸，曾有一个有趣的故事：明末安徽地区有位叫汪汝桂的名医，从小体质较弱，但聪明过人，多年苦读加上先天不足，未到40岁便未老先衰，须发早白。有一次出去采药，遇一位百岁老僧，耳聪目明，须发乌黑，向其请教养生之道，老僧指着院中高大的女贞树说："取女贞子蜜酒拌蒸食即可。"汪汝桂从医理上琢磨觉得很有道理，为增加疗效，他又取了滋补肝肾的旱莲草配伍，将旱莲草捣汁熬膏掺和女贞子末制成药丸，自己吃着，感觉效果很好。数年后，汪汝桂探望同乡好友汪昂，汪昂诧异他全无昔日的病容，汪汝桂如实相告。

二至丸主要用于肝肾阴虚导致的头昏眼花、口苦咽干、失眠多梦、腰膝酸软、下肢痿弱、早年白发、舌红脉细。容易出现在年轻人身上，且常出现在用脑过度人群中的白发是血热导致的。思劳伤及阴血，阴血不足而生虚热，二至丸通过滋阴清热，从根本上去除了血热这个头发早白的诱因。

**头有白发，头昏眼花，口苦咽干**

# 吃二至丸

**症状** 头昏眼花，口苦咽干，失眠多梦，腰膝酸软，下肢痿弱，早年白发，舌红脉细。

**做法** 口服二至丸。

二至丸能流传至今，显然是因为疗效确凿。二至丸的效果在于延缓、减少白发的生成。由于二至丸的性质是偏凉性的，同时可以作为补血药阿胶的辅佐，既兼顾补阴，又避免补血药的上火问题。

## 32 有拖延症，喝阿胶海参粥

现在人们每天都很忙碌，是真的有很多事情需要处理，还是拖延呢？不少人都会把"我有拖延症"这句话挂在嘴边。比如，有人一直拖到中午才开始做下午要交的表格；大家都到办公室了你还在抱着笔记本电脑狂奔；和朋友约好下午三点出门，两点半还在床上躺着看视频……这些其实都是拖延症的表现。

那么，拖延症是心理问题还是身体问题呢？

有一项调查研究显示，70%的大学生存在拖延的情况，在正常的成年人中也有大约20%的人每天都会出现拖延的情况。

什么是拖延症？拖延症是自我调节失败，在能够预料后果有害的情况下，仍然把计划要做的事情往后推迟的一种行为。表面上来看，拖延症是因为懒或不懂时间管理。但《拖延心理学》一书中指出：这些都不是拖延的根源，拖延症本质是一个复杂的心理问题，最主要的成因是恐惧。

殊不知，你的拖延症不只是心理问题在作怪，生理层面的因素也不容小觑。

在中医看来，导致拖延症的根本原因是肾虚。人体以肾气为根本。《黄帝内经》中说到，肾乃先天之本，胃乃后天之本。肾气足，则上济于心，是为心肾相交；肾气虚，则无以上养心宫，是为心肾不交。肾主志，做一切事情，从启动、发展到最终完成，要持续坚持，没有这个一以贯之的"志"，是无法做到的。肾气，则是增强这种稀缺意志力的幕后推手。

肾气不足有什么样的影响呢？

当一个人肾气不足时，意志力会变弱，便会产生拖延，比如赖床、晚睡及难以开始某项工作。甚至事情启动之后，也容易抵挡不住诱惑，沉迷玩乐，很容易导致事情半途而废。

可能有人会说："控制不住自己难道不是心的问题吗？"实际上在中医理论中，心主神明，的确负责管理人的主体意识，但如果心得不到肾气的能量供应就会虚弱，难以支撑起高强度的思维。所以，人若是心虚，在面对那些需要耗心费力的事情时，都会不自觉地选择逃避或往后拖——因为没那么多能量支撑。

当你觉得自己的本意不是拖延，只是懒得动时，这种懒就是肾气不足。如何滋阴补肾，才能让你从身体层面远离拖延呢？可以尝试海参阿胶粥。阿胶有补气血的功效，而海参具有相当滋补的功效，两者交叠养阴益肾，填精补血。

**有拖延症**

# 喝阿胶海参粥

**原料** 阿胶10克，红糖20克，干海参50克，粟米100克，葱花、姜末、盐、黄酒等调料适量。

**做法** 先将阿胶洗净，加水煮沸，待阿胶完全烊化，成了浓稠的阿胶汁，保温待用；同时将海参泡发，洗净后切成黄豆大小的小丁备用；然后淘净粟米，放入另一砂锅内，加适量水，大火煮开，再改用文火煮至粟米酥烂，这时就可以调入阿胶了，搅拌均匀后加入海参小丁及红糖，继续煮5~10分钟。最后加入葱花、姜末、盐，也可加入少量黄酒，继续煨煮到熟烂就可以了。

## 33 经前烦闷、经中怕冷、经后腰膝酸软怎么办？

月经是女性的自然生理现象，但和日常状态相比，很多人在月经前后会出现各种各样的不适。这些不适是正常的还是需要治疗干预？今天我们就来讨论一下。

先说月经前，大概一周左右，很多人就开始烦躁，容易发火，而且胸闷、乳房胀，这是最常见的"经前期综合征"的一种表现，原因主要是肝郁。

不少人除了这些烦闷的常见现象，还可能头痛、腹泻，有些人的基础病会在这时候加重。我见过两个经前期综合征比较严重的病例，一个是气胸，每次月经前就会发作，必须到医院抽气才能缓解；另一个是青光眼，月经前眼睛胀得严重，头特别痛，要知道青光眼是第一致盲的疾病，而且它的致盲是不可逆的，所以每次月经她都面临着失去光明的危险。

从中医角度讲，她们的这些症状加重，是肝郁到极点的结果，和胸闷、发脾气的性质是一样的，只是程度更严重，也需要用疏肝解郁的药物；并且使用药物的力度要更大，别人可能用加味逍遥丸就可以让自己气顺了，她们要用柴胡舒肝丸甚至龙胆泻肝丸，因为不紧急泻下肝火，气胸和青光眼急性发作的后果都很严重。

---

**有严重经前期综合征**

## 吃柴胡舒肝丸或者龙胆泻肝丸

**症状** 容易发火、乳房胀、烦闷、头痛、腹泻。

**做法** 吃柴胡舒肝丸或者龙胆泻肝丸。

---

我们再来说说月经中，这时候，很多人会出现宫寒、痛经、特别怕冷的情况。宫寒，多是在血虚的基础上发生的，因为血总是热的，血虚，能量不足，就更容易被寒邪击中。很多人吃了补血药，比如阿胶之后，宫寒问题、手脚冰凉问题解决了。为什么能祛除宫寒？就是因为阿胶入肝经，是"补血圣药"，把血补足了，寒自然祛除了。

> **月经中宫寒、痛经、特别怕冷的人**
>
> # 吃阿胶
>
> **症状** 月经中宫寒、痛经、特别怕冷。
>
> **做法** 每天吃阿胶 5~10 克。

治疗经前的肝郁,经中的宫寒和经后的血虚、肾虚,都离不开补血,血有问题是出现这些问题的基础。中医认为,"女子以血为本",包括前面说的那个气郁到极点,气胸发作的患者,以及已经得青光眼、头痛、眼睛胀得难受的人,都要在疏肝的同时补血,阴血足了,才能和过亢的肝气达到阴阳平衡。

至于月经之后腰膝酸软的人,更要补肾养血了,如果你的月经是正常的,一般不需要特殊对待,但对靠身体的自理能力无法正确地"重启"的患者,需要借助药物,中医会给她们开具乌鸡白凤丸、六味地黄丸或东阿阿胶,每天 5~10 克。这些补肾、补血药,不是为了补月经中失去的那几十毫升血,而是帮助身体在激素变化之后,尽快恢复,按照正确的方向重启各种功能。

### 经后腰膝酸软的人

## 吃乌鸡白凤丸、六味地黄丸或者东阿阿胶

- 症状：经后腰膝酸软。
- 做法：吃乌鸡白凤丸、六味地黄丸或者东阿阿胶，每天 5~10 克。

## 34 经期小腹隐痛、头晕耳鸣、舌质淡红，吃阿胶山药羹

山药是一种非常好的药食两用食物，中医有三个著名补肾方剂都是用山药作为要药，分别是六味地黄丸、无比山药丸和薯蓣丸。山药入肾、脾二经，可以通过补肾为健脾奠定更加牢固的基础，让"虚不受补"之人变成"虚而受补"之人。

《神农本草经》中记载，山药，补中益气力，长肌肉，久服耳聪目明。

《本草从新》中更加明确地指出山药有养阴滋肾，强腰健骨之功。

那么我们日常该如何选山药呢？

各种各样的山药中，能入药的、具有药用价值的是怀山药。这里的怀山药就是我们常说的铁棍山药，这种山药细长，质地结实，皮略带紫色。山药应该怎么吃呢？

其实山药的吃法很多，除了可以蒸熟后直接吃，还可以将蒸熟的山药去皮后，和牛奶或者豆浆一起打成糊，再加热一下，一杯浓

香的牛奶（或豆浆）山药糊就做成了，用它做早餐或者加餐，不但热量低，而且营养性价比远远超过麦片或者玉米。

如果想补肾同时又养血，可以将阿胶与山药一块儿调成羹状食用。

关于阿胶补肾，在清代药典《本草纲目拾遗》中尤其强调："治内伤腰痛，强力伸筋，添精固肾。"

阿胶有补血养血、滋补肝肾之力，山药擅长补脾补肾，两者相和，则可做到肝、肾、脾三者共享滋补。几大功能器官都获得了药效加营养的输入，身体当然恢复更快，基础也更牢固。

阿胶山药羹最适用于肝肾不足的女性。假如女性自感经期小腹隐痛、头晕耳鸣、舌质淡红，就可能是"肝肾两虚"的情况，以阿胶山药羹作为日常食疗最好不过。

### 肝肾不足

## 吃阿胶山药羹

**原料** 阿胶9克，山药30克，红糖少许，水淀粉适量。

**做法** 先将山药去皮洗净，切成小丁，放入锅中加适量清水，置火上煮熟。然后将阿胶溶化后，放入锅中，下水淀粉、红糖调成羹即可。只为进补的话，进食量随意；想发挥疗效，需要早晚各吃一次。

## 35 宫寒，艾灸关元穴和气海穴

"宫寒"这个词，相信女性朋友们都不会陌生，月经来的时候肚子痛，腹部发凉，甚至整个人都怕冷，很多女性也会自我诊断为宫寒。不过，这种感觉是对的，因为宫寒的"宫"，既包括子宫，也包括卵巢，它们的确容易受寒，很多妇科疾病，就是在"寒"的基础上发生的。

首先说暖宫。女性的盆腔和下肢必须保温，因为盆腔血管太细了，一旦受寒，血流就会变慢，逐渐会产生盆腔瘀血。而下肢，特别是脚，离心脏最远，血液推送到那里会很吃力，如果脚受凉了，下肢的血管就会收缩，血液推送阻力会加大，就容易导致全身血液运行不畅。这时候盆腔的供血最先受到影响，所以宫寒的人大多有年轻时受寒的历史。

有什么暖宫的办法呢？

气海
关元

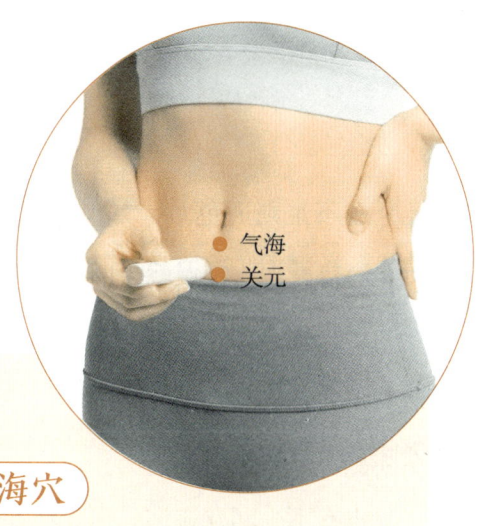

> **暖宫，灸关元穴和气海穴**
>
> **做法：** 先切一片生姜，姜片上扎几个小洞，把姜片放在关元穴和气海穴上，再用艾灸对着姜片灸。五分钟之后姜片干了，换个新的，再灸五分钟。
>
> **叮嘱：** 月经前 3~5 天每天这样灸，来月经时宫寒的感觉就会大大减轻。

除了暖宫，还有一件更重要的事，就是补气血。很多人的寒是气血虚，久而久之造成的，因为气血就是身体的能量。有人说，我每天都吃大枣、桂圆，怎么还气血虚呢？因为大枣、桂圆含的铁是植物性食物的铁，是三价铁，必须转化为二价铁才能被身体吸收，这个转化率只有 1/5。也就是说，对于这部分人，大枣、桂圆的补血养血能力可能已经不够了。

再一个，血不足的人缺的不仅仅是铁，还有用血的能力，这个能力靠输血、补铁都无济于事的时候就要找更加有力的方法了。

如果你面色发黄，总觉得疲劳，来月经的时候量少，肚子发凉，且这些症状持续的时间很长，那么你就要考虑补补气血了。

血不足则面色黄，月经生成不足，气也就弱了。气血都不足，机体产热减少，慢慢就会四肢怕冷，进而发展到肚子发凉。

如果你去看中医，很可能会给你开八珍汤，这也是中医补气血的名方，由党参、白术、茯苓、炙甘草、熟地、当归、川芎和白芍八味草木类药物组成。

也有不少网友咨询，阿胶糕补气血怎么样呢？

一般阿胶糕是由阿胶、黑芝麻、核桃仁等组成，应该说，这是一个很经典的滋补肝肾的配方，大众都能接受，好吃，最大的好处是可以把点滴的能量存到人体最深层的脏腑中去。这也是很多地方的人喜欢秋冬补阿胶膏方的原因。这三味药都是入肾经的。

通俗来说，直接补气血可以让人有劲，改善气血不足的症状；而阿胶滋补类的膏方其实更擅长给你打底子，让你厚积薄发，先给你"存钱"，肾精充足了自然能慢慢转化成气血，给你慢慢花。

最后是一个提醒：一提起宫寒，很多人连绿豆汤也不敢喝，中药去火药也不敢吃，担心加重宫寒。虽然食物也分寒热温凉，但和中药的寒热不是一个等级，食物的要轻得多。

只要你在应季的时候吃应季的食物，比如在夏天喝绿豆汤，吃西瓜、黄瓜，一般不会被寒凉所伤。

至于去火的药物，如果能去肺火、胃火，治疗感冒这类呼吸道问题，就算是寒凉也是比较轻的，只要有上火问题，宫寒的人但吃无妨，但要记得"中病即止"，症状缓解马上停就可以了，不要久服。

第 3 章

# 吃什么增强我们的免疫力？

## 1 体弱多病，喝阿胶海参粥增强免疫力

江苏、浙江一带的人家有个风俗习惯，每当进入秋冬季节，喜欢食用阿胶海参粥。这个风俗习惯的起源，与一个名叫陆润庠的人大有相干。陆润庠出身不凡，他的父亲为江苏名医陆九芝，是清朝道光年间大名鼎鼎的医学家。

《柳斋医话》记载，陆润庠幼年时期身体瘦弱，家中父辈都担心他难以成活。好在父亲陆九芝是名医，可以亲自为儿子加以调护。但体质一旦出了问题，往往是全方位的麻烦，幼年陆润庠身体弱，肠胃功能也差，不受汤药，也就是服用后消化不了，还闹得肚子不舒服。

陆九芝眼看用药不奏效，便给他的儿子改用食物疗法，希望可以通过长期进补，从体质上进行根本改善。陆九芝自创的"食疗秘方"是每日吃煮熟的海参，同时佐以阿胶。先是每日少量，然后逐日增加。

果不其然，陆九芝的这一食疗方子，成功将他儿子的身体从瘦弱逐渐调养至健康，不仅气色好了，没有了之前的病容，胃口也变好了。

阿胶和海参挽救一个多病孩子的生命是有科学依据的。海参性平，入肾、肺二经，有补肾益精、养血润燥、止血的功效。现代各种研究证实：海参具有提高记忆力、延缓性腺衰老、预防动脉硬化、预防糖尿病及抗肿瘤等作用。众所周知，常食海参的人很少感冒。因海参中所含的丰富的蛋白质、精氨酸等是人体免疫功能必需的物质，能预防疾病感染，增强机体的免疫力，对感冒等传染性疾病有很好的预防功能。海参对增强免疫力、帮助身体恢复有很好的效果，这也是陆九芝成功挽救多病儿子生命的原因。

海参不仅对年幼体弱的孩子有效，老年人多吃海参还能够预防心血管疾病、降血压、延缓衰老、抗肿瘤、调节血脂等。海参中丰富的钙、磷、锰、铜、锗、硅等元素对预防成人的骨质疏松症有不错的效果。

容易贫血的女性也同样适合吃海参。海参中含有大量的维生素B、叶酸，对骨髓造血有良好的效果；活性海参成分中还富含海参黏性多糖，经大量药理研究证明，海参黏性多糖能够促进机体造血功能的恢复，快速促进血红蛋白的增长。

海参固然效果显著，但也离不开另一味药阿胶的鼎力相助。国家中医药管理局对阿胶的作用有明确的标注。阿胶具有补血、滋阴、润肺、止血的功效；主治血虚诸证、出血证、肺阴虚燥咳、热病伤阴、心烦失眠。

阿胶同样是性质平和之品，对各年龄层的人群来说都是上佳之选。

## 2 好气色，靠喝阿胶荔枝粥

有些女性要化2小时的妆才出门，不是因为觉得化妆是对人的基本尊重，而是觉得自己气色不好，像"黄脸婆"，不化妆不敢见人。就算有美颜相机，也不能活在相机里，总要出门见人，所以只能靠化妆。"黄脸婆"并非只是岁月这把"杀猪刀"留下的痕迹，更主要的原因是什么呢？是气血。

中医医理上说，女子是以血为生命之依托的，所谓"以血为本，以气为用"，即一旦血液不够充沛，就容易体虚多病。当女性因气血不足虚弱之时，便需要阿胶出面力挽狂澜，提升体力，滋润肌肤，增添美丽气色，帮助抵抗岁月在容颜上的沉积。

关于阿胶美容养颜的典故，最为大家熟知的就是杨贵妃的故事。

杨玉环27岁才被封为贵妃，就算她天生丽质难自弃，可在美女如云的后宫，又是大龄妃嫔，如何能得到十几年的宠爱？《全唐诗〈宫词补遗〉卷五》告诉了我们答案："铅华洗尽依丰盈，雨落荷叶珠难停。暗服阿胶不肯道，却说生来为君容。"

这是说杨贵妃之所以妖娆妩媚，是因为偷偷服用阿胶。只不过杨贵妃拒绝承认是靠服用阿胶养颜，只说自己天生丽质，而且生来就是为了君王而如此美丽。杨贵妃的确天生丽质，但在阿胶的辅助下，才可以长期保持好气色、好状态。我猜，杨贵妃除了美貌，可能还有一头云霓般飘拂的秀发。为什么这么说呢？我们都知道阿胶是补气血的佳品，而气血与头发有直接关系。

中医认为，"发为血之余"。这说的是头发是血液滋润的末梢，能显示气血是否有盈余。不仅是头发，身体上所有的毛发，无一不跟气血紧密相关，也无一不直接反映着气血的状态。头发的生长有赖于血，血液把营养输送到头发，因此气血旺盛则毛发也旺盛，气血不足，头发就会发枯干燥。

杨贵妃的好容颜除了偷偷服用有滋补效果的阿胶外，可能还与她喜欢吃荔枝有关。皇帝为了哄杨贵妃开心，想尽办法也要弄来千里之外的荔枝。

荔枝味美多汁，且汁甘甜如蜜。《本草从新》中说，"食荔枝过多，使人发热烦渴，龈肿鼻血"。俗话说得好，"一颗荔枝三把火"，可见热性之烈。

吃荔枝虽然容易上火，但也有优点。女子月经期间，多因气滞血瘀而致小腹冷痛，在北方，女子往往喝热水来缓解。但福建、广东、广西和四川一带，可在肚子痛不舒服的时候，吃五六颗荔枝，小腹便能渐渐回暖，并可止痛。

**养血补血**

## 喝阿胶荔枝粥

**原料** 荔枝20颗，阿胶10克，大枣10枚，粟米100克。

**做法** 先将荔枝剥开去核，大枣洗净，将荔枝肉、大枣放入碗中待用；粟米按常法煮成粥；阿胶用另外之锅加水煮沸，烊化后，将阿胶汁兑入粟米粥中，加荔枝肉、大枣，煮至粟米酥烂，就可以吃了。

阿胶荔枝粥中阿胶滋阴补虚，养血补血；荔枝益气补血；大枣补中益气。加阿胶和大枣一起煮，一方面，可以调和荔枝的温热之性；另一方面，可以行气活血，补血养颜。阿胶荔枝粥制作方法简单，药借粥力，粥助药威，可以更好地发挥效果。

品质淳厚、内涵深挚的阿胶，恰到好处地平和了荔枝的"刚烈性情"，使那"浮躁脾气"变得温暖绵长。食用此粥后，通常可以暖腹止痛，并且不用担心上火。常喝更能持续补益身体，养血补血。

想要补血养颜的读者不妨也试着煮一碗阿胶荔枝粥。

## 3 脸上长斑和宿便有关吗？

大家对宿便的了解，通常是因为时常被告知它是引起斑点、皱纹、虚胖及各种毒素滞留的元凶。很多推销能帮助排宿便商品的商家解释说，因为宿便长期积滞于肠道内，在细菌的作用下腐败、发酵，不断产生各种毒气、毒素，被身体吸收后，可造成肠内环境恶化、肠胃功能紊乱、内分泌失调、新陈代谢紊乱等。真的是这样吗？

事实上，根本没有宿便这回事，这完全不是医学的概念，医学上只有便秘。但便秘的时候，肠道并不会吸收毒素，因为我们肠道中主要具备吸收能力的是小肠，食物残渣经过小肠后到达结肠，结肠才是便秘的发生地。就算发生便秘，到结肠时已经基本不吸收了，如果食物残渣因为便秘而停留较长时间，最多也只是水分被吸收，由此产生的甲烷、氨气和氢气，会使排气很臭，但那是食物残渣分解之后产生的气体，并不是所谓的毒素，身体更不会吸收它。

肠镜下可以看到，结肠的肠壁是光滑的，几乎不可能使食物残渣停留在此处，相反，如果误以为宿便有毒而盲目使用蒽醌类泻药排宿便，会增加患结肠癌的风险。

宣称排宿便的绝大多数产品中含有泻药成分，如芦荟、番泻叶、大黄等。虽然被标榜为天然产品，但这些成分对结肠刺激性很强，属于刺激性泻药。它们很容易让肠道产生依赖。通俗地讲，长期用它，肠道就变懒了，全依赖药物，所以这种泻药越吃效果越差，只能不断加量，由此进入恶性循环。即便中医在方剂中使用它们，也是与其他药物配伍，而且"中病即止"。因为上火而便秘可以吃几天，等大便通了就停，绝对不能长期使用，否则不只产生依赖性，还会造成肠道功能紊乱，损伤肠黏膜，导致结肠病变。最典型的是肠壁上出现交错的黄黑斑，叫结肠黑变病。很多长期使用排宿便商品的人做肠镜都会发现这种现象，这种结肠黑变病可能诱发结肠癌。

《中国慢性便秘诊治指南（2013版）》中指出，每周排便不少于3次，都在正常范围内。不要苛求每天1次，因为这样苛求反而会无形中增加精神压力，特别是本身就有功能性便秘的人，紧张、焦虑情绪反而会加重便秘。

确实，大便不通的时候，人的脸色不好，还可能有虚胖存在，但是，这未必是便秘导致的，也可能是各种引起便秘的失调导致的。

比如肝郁的时候，脸上容易有斑点。同样的，肝郁也可以导致便秘。但这种便秘不是大便干燥秘结，而是排便不畅，感觉拉不干净。这是肝郁导致气机阻滞，肠道蠕动受阻。再比如虚胖，这是因为代谢率低，和中医的脾虚有关。脾虚的人很容易便秘，这种便秘也不是大便干燥，而是无力排便，肠道推不动食物残渣。

这样的人，可能是为了治疗肝郁导致的斑点，或者想通过健脾提高体力，改善疲劳，最后发现，在淡斑和体力改善，身体紧致的同时，排便也通畅了，而他们并没有吃清除宿便的药物。

由此可见，不仅宿便是伪概念，甚至连通便也不一定非要用通便药。因为大便不通是身体功能失衡，而人体是个有机整体，很多问题未必是消化道问题，也可以导致便秘。同样，不同的治疗，不一定定位在肠道，也能改善便秘。比如前面说的疏肝健脾可以通便，宣肺也可以通便，因为"肺与大肠相表里"，有宣肺作用的杏仁、升麻，都可用到习惯性便秘的治疗中。

准确辨别便秘发生的真正原因，针对原因治疗，可能并不需要通便药，这样不仅避免了泻药对身体正气的"剽蹭"，还消除了误以为是"宿便"引发的各种失调。

## 4 脸上长斑,用阿胶洗面奶,喝阿胶白皮粥

夏天阳光充足,紫外线比较强,很多人都会注意做好防护。防晒的意义除了避免皮肤晒黑,更重要的是避免长斑。长斑是很多人日常的烦恼,该如何防止长斑?已经长斑了又该怎么消除它呢?

要知道色斑是各式各样的,有先天性和后天性之分。先天性的色斑有雀斑、雀斑样痣、咖啡斑、太田痣等,这些往往需要通过激光治疗,药物治疗是无效的。

常见的后天性色斑是黄褐斑、炎症后色素沉着及获得性太田痣样斑等。这类色斑主要是因为内分泌紊乱、激素失衡、长期防晒不到位或面部的皮炎、湿疹类的过敏性疾病在日晒之后形成的。

可能有人会说:"我很注意防晒了,为什么还会长色斑?"那么罪魁祸首可能是熬夜。熬夜会导致内分泌失调、气血失衡,这才是长斑的根本原因。

中医认为,脸上有斑点,体内则有瘀块,有斑必有瘀,治瘀不

离血。体内不同部位的气滞血瘀会在面部相对应的部位显现出来，就形成了斑点。当人体内的气血运行不畅、经脉不通时，心血则不能送达皮肤，皮肤中的黑色素就不能随着人体的正常新陈代谢排出去，长期如此，就形成了色斑。

那怎么办呢？还是需要从内部调理开始，通过补血理气、调整营养平衡来塑造好气色。可以长期服用阿胶，阿胶具有补血、滋补保健及美容养颜的作用。阿胶不仅能明显提高人体红细胞及血红蛋白的含量，通过滋养气血而滋润皮肤，同时阿胶显著抑制酪氨酸酶活性从而抑制黑色素产生，并能提高皮肤细胞自身超氧化物歧化酶（SOD）的活性，从而起到美白、抗衰老、美容养颜的作用。阿胶还可以制作成洗脸的药粉或者做成面膜，让皮肤细腻有光泽。

### 阿胶洗面奶

**原料：** 阿胶60克，川芎、细辛、藁本、白附子、藿香、冬瓜子、土瓜根、沉香、零陵香各30克，白檀香、甘松、白及、白芷、白茯苓、皂角末各60克，白蔹45克，白术、生栗子壳内薄皮各15克，楮实子250克，冰片7.5克，糯米粉750克，丝瓜4条。

**做法：** 将除皂角末、糯米粉外的药材放在一起研磨成细末，再放入皂角末、糯米粉和均匀就可以用了。

**叮嘱：** 既可以每天洗脸用，也可以加入蜂蜜当面膜，美白又祛斑。

还可以在家试试煮阿胶白皮粥。

**脸上长斑**

## 喝阿胶白皮粥

**原料** 阿胶、桑白皮各 15 克，糯米 100 克，红糖 8 克。

**做法** 将桑白皮洗净，入砂锅煎汁，取汁 2 次；再将糯米洗净，入锅后加清水煮 10 分钟；最后倒入桑白皮汁和阿胶，粥熟后加入红糖就可以了。

**叮嘱** 阿胶白皮粥可以清肺润燥，滋阴补血，润肤美颜祛斑。

## 5 想瘦腿，多喝黄芪冬瓜薏米汤

很多女孩子发现，早上起来的时候腿比晚上细很多，一般到了中午，腿就开始变粗，特别是小腿。为了瘦腿，她们会躺在床上把腿抬高，甚至倒立。事实上，就算倒立使腿围回缩了，把腿放下1小时后，还是会被打回原形！腿粗不是因为水多了，而是因为肉少了。越是肌肉无力的人，下午腿变粗越明显，就算是腿不粗也没型、不好看。特别是脚踝，想拥有精致的脚踝，对腿部肌肉是有要求的。

腿的粗细，首先是由骨骼、肌肉、脂肪共同决定的，减肥减的主要是脂肪。脂肪主要集中在大腿、上臂和小腿，特别是女性在雌激素作用下，脂肪容易在大腿和臀部堆积，这里都是皮下脂肪，而男性的雄激素主要作用于腹部脂肪。

除了脂肪，影响腿特别是小腿粗细的，是血液循环。之所以早上起来小腿比较细，是因为睡了一晚，血液均衡地分布在全身，腿上的血液不会存留过多。起床后，受地心引力的影响，无论站还是坐，都会使血液往下堆积。因为静脉的血液要回流到心脏，这个过程中肌肉的挤压力量很重要。当你一直站着或坐着不动，肌肉不做功时，如果再加上肌肉无力，血液回流差，腿就更容易变粗。

不少在意自己腿粗的女孩子，多是想要苗条的身材、怕发胖的，她们的身材大多是饿出来的，而不是练出来的，并不能增加肌肉的力量。因为她们担心增加肌肉的力量会使腿变粗，实际上这种担心是多余的。

想要瘦腿也简单，就是慢跑或快走。在运动前后增加小腿的拉伸锻炼，也能使肌肉更修长。与此同时，还有以下两点可以帮助瘦小腿。

一是中药中的健脾药，因为"脾主肌肉"，能健脾的药物和食物都有增加肌肉弹性，使血液尽快回流，从而使腿变细的作用。其中最适合的是黄芪、葛根两味药。

黄芪增肌，葛根解肌。"解"是松弛的意思，肌肉有张力的同时可以松弛，才能出现线条。除了这两味药还可以配上茯苓，茯苓的作用是利湿，促使那些沉积在下肢的水尽快代谢，等于有消肿的作用。

黄芪、葛根、茯苓分别10克就可以，用来当茶喝。还可以在日常的例汤中加黄芪、葛根、茯苓，同时再加冬瓜和薏米。

提醒大家，薏米在煮汤或泡茶前要炒一下。因为生薏米是寒凉的，如果体质虚寒，服用生薏米只会生湿。冬瓜可以祛水肿，热量非常低，想用冬瓜消除接近表皮的水肿，在吃冬瓜的时候一定要带着皮炖汤,更能保证消肿效果。具有消肿作用的是茯苓皮,好一点的药店对茯苓和茯苓皮是有区分的。

> **瘦小腿**
>
> ## 喝黄芪冬瓜薏米汤
>
> **原料** 黄芪、葛根、茯苓皮分别10克,带皮冬瓜、炒薏米少许。
>
> **做法** 加水熬汤喝。

除了药物,还有一点非常关键——一定要少吃盐!盐或重口味食物吃多了,身体就会多留水分在体内,以保持渗透压的平衡。很多水肿,特别是没有肾病的眼睛肿及下午的小腿水肿,很多时候就是因为吃得太咸,身体不得不过度保水的结果。

## 6 流了大汗，喝麦冬乌梅汤

夏天出汗多，人们习惯多吃盐。可是吃得口重了，又被医生嘱咐饮食要清淡。夏天真的给我们多吃盐的理由了吗？真的需要如此吗？

事实上，这个传统认知是错误的。国务院及国家卫生健康委员会推出的《健康中国行动（2019—2030年）》中制定了诸多健康指南和目标，其中一个重点，是再次缩减每天摄入食盐量。

按照之前的建议，每人每天摄入食盐的量不能超过6克，这次出台的文件减少为每人每天不超过5克。不仅包括我们做菜时直接加入的盐，还包括平时零食成品中已经含有的盐。如果针对单纯的做菜加盐，每人每天应该控制在4克左右，也就是说，一日三餐加进去的总的盐量，不能超过一块方糖大小。

大家都知道盐的危害，盐吃多了容易患高血压。因为盐有保水作用，多了身体就要留住更多水，以保证血液正常的渗透压。这些水留在血管里，血管过分充盈，就产生了高血压，中国致死率最高的疾病脑卒中，其祸根就是高血压。中国人 70% 的高血压，不是因为吃得太油，而是因为吃得太咸。

其实，控制盐量并不容易，随着食品种类的丰富和人们对口味的追求，盐的添加变得越来越普遍。盐是所有味道的基础，没有盐的加入，滋味就要减半。比如我们常吃的原味面包片，100 克面包含 1.48 克盐。甜品的含盐量也不低，比如热巧克力的含盐量甚至比薯片还高，因为它的甜味是通过加盐来加强的。这些一日三餐之外的食物加在一起，食盐摄入量很容易超过三四克，即便你在做菜时限制在 4 克以内，一天的食盐摄入量也是超标的。

因此，只要你不是挥汗如雨地运动或劳作，即便是夏天，一天做菜时就算不加盐，也不用担心食盐的摄入不足。在任何时候，清淡饮食都是利大于弊的，这个清淡不仅仅指少油，更要少盐。

如果出汗过多，需要适度补充盐分或者喝运动饮料。运动饮料可以很快补充丢失的电解质，其中包括钠、钾等。再比如中国传统的酸梅汤、绿豆汤都富含钾，可以避免出汗过多导致血钾低的情况。血钾低时，肌肉无力，严重者会出现低钾性软瘫，就是头脑很清楚，但身体动不了，肌肉不受神经支配。

水中毒的人之所以喝进那么多水，是因为他们喝水不解渴，不解渴的原因之一就是伤阴了。如果想解渴，必须补阴。中医有"酸甘化阴"之说，就是酸味的和甘味的药物配合使用，可以更好地化生阴液。补阴药或食物通过补阴来止渴，阴不虚了，严重的口渴症状也就减轻了，避免了喝白开水导致的血液变稀，自然能很好地防范水中毒的发生。

那么日常中我们如何防范呢？具体一点，可以用麦冬或百合10克，和乌梅一起用开水冲泡。

### 流了大汗

## 喝麦冬乌梅汤

**原料** 麦冬或百合10克，乌梅三五个。

**做法** 开水冲泡，加点儿糖。

第 4 章

# 四季吃好喝好，一年不生病

## 1 春天天气干燥，容易上火，应该喝什么去火？

春天天气干燥，容易上火，大家都喜欢喝菊花茶。

首先，春天上火喝菊花茶是很应季的，中医说春天是肝所主季节，菊花可以入肝经和肺经，因此，菊花能去的火主要是肝火和肺火。但菊花清肝火、清肺火的力量就像它的质地，比较轻。如果眼屎多，眼睛发红，口干舌燥，甚至有要感冒咳嗽的征兆，意味着肝火、肺火比较重。如果这时还想用喝茶解决，应该选用桑叶或配伍桑叶。

桑叶也入肺、肝经，但力度强于菊花，春天高发的感冒是风热感冒，感冒的同时嗓子疼，最适合治疗这种感冒的不是感冒清热颗粒，而是桑菊感冒片，它出自名方桑菊饮，其中桑叶、菊花就是主药。

菊花种类很多，怎么选也有门道。市面上常见的有白菊花、黄菊花、野菊花。黄菊花味道稍苦，清热能力强，如果上火，脸上长痘痘，用黄菊花。

> **上火，脸上长痘痘，用黄菊花泡水喝**
>
> **症状**：上火，脸上长痘痘。
>
> **做法**：用黄菊花泡水喝。

白菊花味甘甜，平肝明目的效果好，如果眼睛干涩不适或用眼过度可以选择白菊花。在白菊花里加点儿枸杞，用量为白菊花七八朵，枸杞二十几粒，缓解眼睛疲劳的效果更好。

> **眼睛干涩，用眼过度，用白菊花泡水喝**
>
> **症状**：眼睛干涩，用眼过度。
>
> **做法**：白菊花七八朵，枸杞二十几粒，泡水喝。

野菊花是苦寒的，苦寒容易伤胃气，所以用来外洗一些疮疡更合适，比如眼睛红肿了，可以用开水冲泡野菊花，用其热气蒸眼睛。待水温适合了，可以再用纱布蘸水洗眼睛，清热明目的效果很好。

## 眼睛红肿，身上长疮疡，用野菊花泡水喝

**症状**：眼睛红肿，身上长疮疡。

**做法**：野菊花泡水喝。

不是春天所有的上火都是肝火、肺火，还可能是胃火、心火。

胃火，大多和吃有关，多在吃了辣的、油炸的之后，造成口臭、牙龈肿、长痘痘、大便干，嘴壮的人更容易上胃火。口臭是会严重影响社交形象的，对付口臭，有个方子很管用。

## 口臭，生石膏连翘藿香煎汤漱口

**原料**：生石膏 30 克，连翘、藿香各 10 克。

**做法**：先把生石膏煎 20 分钟，再下藿香、连翘，再煎 10 分钟，用这个药汤来漱口，频繁地漱，漱的过程中可以喝上几口，不管是治牙龈肿还是口臭都非常有效。

## 小便黄，舌尖很红，喝莲子心竹叶茶

**症状**：心烦、失眠、小便很黄，甚至尿路感染；舌尖很红，甚至口腔溃疡只长在舌尖上。

> **做法**：用莲子心和竹叶泡茶，莲子心10个，竹叶10克，加点儿冰糖。
>
> **叮嘱**：如果这几天舌尖上长口腔溃疡，甚至把尿路感染都带出来了，这个茶最适合。

还有人很容易在春天流鼻血，特别是孩子，老百姓的习惯性认知就是上火了，要赶紧去火。

事实上，如果已经流了鼻血，意味着身体已经完成了一次自我去火，中医讲，"得衄则解"，意思是，随着流鼻血，内热会被消解。容易流鼻血的孩子在春天可以常用芦根、白茅根各10~15克煎汤或者开水冲泡后代茶饮。因为春天上火，是身体复苏的生机体现，特别是孩子，如果过度用去火药，等于扼杀了生机，最好的办法是多吃蔬菜，保证饮水量，通过饮食减少上火可能。实在不行，用药茶解决，一般就足够了。

## 容易流鼻血，喝芦根白茅根水

> **症状**：容易流鼻血。
>
> **做法**：常用芦根、白茅根各10~15克煎汤或者开水冲泡后代茶饮。

## 2 天热了就不能进补？错！西洋参能进补还能去火

天热了，就不能吃补药了，否则会上火，这是很多人的认知。其实，这里面包含了两个错误，一个是天热不能进补，这是不对的，因为天热消耗得更多；另一个则是，不是所有补药都是热的，都会上火。

先来说说天热不能进补的问题。其实，从对身体的消耗角度看，天气越热，对身体的耗损就越大。世界各地的寿命统计也证实了这一点：相比较而言，气候冷的北欧，人均寿命比较长；而常年酷热的非洲，人均寿命比较短。除了医疗条件影响之外，天热，身体的代谢率就高，对身体的消耗就大，也会随之影响寿命长短。

人的生命好比一根燃烧的蜡烛，天热就等于不断拨亮火苗，火苗过旺，蜡烛就耗损得过快，冷的地方能烧 90 年，热的地方可能只能烧 70 年。要想让你的火苗着的时间长，就得不断给蜡烛增量，而且火苗烧得越旺，越要增量蜡烛。

那么我们该怎么给生命的蜡烛增量呢？这就需要指明，中医说的进补，这个补不是补气，而是补阴，因为蜡烛是中医的阴，也是生命的根本；而火苗是阳，是气，是人体的功能。人体经过了酷热天气的消耗，补阴就变得尤其重要。

但中医又说，"春夏养阳，秋冬养阴"，这句话和前面说的是不是矛盾呢？其实不矛盾，"春夏养阳"的真实含义是，在春天和夏天，不能过度地耗散阳气，如果耗散了就要及时补阳养阳。有一点很重要，那就是补阳必须在补阴的基础上进行，否则就等于一味调大火苗，增加生命蜡烛的消耗了。

因此，天热不是不能进补，春夏养阳也不是不能补阴，而是适合阴阳双补，补气和补阴要同时进行，才能保证有充足的蜡烛维持火苗的燃烧。

接下来我们再来说说天热吃补药会上火的问题。

其实，不是所有的补药都是热性的进而煽动火苗，比如，西洋参，它是人参中唯一一种不上火且还能去火的参。

人参、黄芪这类补药都是性偏温的，但西洋参很特殊，性偏寒，所以它是唯一一种可以去火的补药，也是夏天最适合的补药，因为夏天是心所主，而西洋参是入心经的，可以在补气的同时去心火。

按照前面我们说的，春夏需要进补，也可以进补，特别是通过西洋参这种凉性的药物既能维护火苗，又不至于因为药物自身的热性，而过度地挑亮火苗。

如果你是一个到了夏天就苦夏严重、疲劳明显的人，西洋参是必备的补品，而为了确保火苗不会燃烧过度，还可以配上补阴的阿胶。阿胶性平，之所以有人吃了上火，是因为其身体已经适应了阴虚血虚的状态，吃进去能补血养阴的阿胶，首先会打破身体原有的这个不健康的平衡，然后与新进来的阿胶达成新的高水平的平衡。

> **天热后的最佳补品——西洋参**
>
> **症状**：苦夏严重，疲劳明显。
>
> **做法**：吃西洋参。

在这个过程中，身体可能会不适应，上火就是不适应的具体表现，只要坚持吃两三天，身体跟上了新的平衡点，上火的问题就没了。这时如果还能配上西洋参，既补气，又能降低进补时的火力，更能让你在不知不觉中提高平衡点。

## 3 夏天怎么吃瓜才祛暑？

夏天天气很热，很多朋友都问，有没有什么祛暑的食物推荐，最好是方便买的，还能养生的。我比较推荐大家吃各种瓜，夏天正是它们上市的季节，西瓜、苦瓜、丝瓜、南瓜等瓜都有药用价值，甚至有些是药食同源的食材。如果你能很好地利用它们，可以少吃很多药。

先说西瓜，很多人上火时去看医生，会被告知不用吃药，吃西瓜就可以了。这是什么原因呢？是因为西瓜含水多，多吃西瓜能补水去火吗？不全是，如果补水就可以，中医为什么没让你多喝水去火解暑？之所以让你吃西瓜，是因为西瓜是入心经、胃经、膀胱经的。

比起冬天，夏天更容易得尿路感染，这是因为夏天是心火盛的季节。中医讲，心与小肠相表里，中医的小肠包括西医的泌尿系统，尿路感染在中医看来就是心火下移的结果。所以在冬天，即便同样喝水少，也不会像夏天发病率这么高，就是因为夏天是心所主的季节。

怎么治疗？常用的药物是导赤散。如果病情轻或在初期，很多中医会告诉你，不用吃药，吃个西瓜就好了。的确，随着西瓜吃进去，心清净了，小便黄赤也缓解了，甚至连晚上睡觉也消停了，因为西瓜不仅含水多，还能去心火。

> **尿路感染，严重的吃导赤散，轻的吃西瓜**
>
> **症状：** 严重尿路感染。
>
> **做法：** 病情严重的吃导赤散，病情轻的吃西瓜就好了。

夏天发热时，中医开药可能会用到大凉的白虎汤，其中的石膏、知母可以很好地退热清热，但如果发热没到那个程度，或吃了退热药之后，虽然烧退了，但身体还是烦热的，最适合用西瓜来善后，西瓜甘寒，相当于食物中的"白虎汤"。

再来说说苦瓜，苦瓜在夏天应季，苦味是入心经的，因为心和苦味相对应。吃苦能去火，去的也主要是心火。同样的事情，夏天着急心烦，肯定比冬天严重，这时苦瓜就是很好的清心药，如果怕苦，可以用开水焯一下，苦味减少了，但清心的作用仍旧在。

## 着急心烦，吃苦瓜

**症状**：着急心烦。

**做法**：吃苦瓜。

丝瓜和苦瓜不同，它是入肺经的，凉性的。如果风热感冒初起，咳嗽、咽痛，可以吃丝瓜炒百合，它俩是绝配。百合也是凉性的，也能入肺经清肺火。

## 风热感冒初起吃丝瓜炒百合

**症状**：咳嗽、咽痛。

**做法**：吃丝瓜炒百合。

大家比较喜欢吃的瓜里，肯定有黄瓜，不过有一部分人吃了黄瓜就泻肚。黄瓜是甘凉的，而且入肺经、脾经、胃经，它是所有瓜里最合脾胃的。因为它甘凉，很不适合脾胃虚寒的人，所以有些人吃了黄瓜会胃不舒服。即便是正常人，很多老中医也有个生活规矩，只要过了立秋，就不再吃黄瓜了，就是因为担心其寒凉之性在阳气逐渐减弱的秋天伤了人脾胃。相反，如果你有胃火很盛的症状，可以用黄瓜代替清胃黄连丸清胃。

> **胃火很盛，吃黄瓜**
>
> **症状**：口臭、胃火很盛。
>
> **做法**：吃黄瓜。

最后我们说说南瓜，它是温性的。很多人觉得，温性的食物、药物在夏天是不是没有用武之地？其实不是，夏天反倒需要用温性的药物反佐，为的是避免药物、食物过分寒凉而伤身。

最典型的就是绿豆汤。绿豆是凉性的，入心经，是夏天最好的祛暑食材，但很多脾胃虚寒的人不敢喝绿豆汤。这时如果你在绿豆汤中加几大块南瓜，一起煮到绿豆熟了，做成绿豆南瓜汤，它就对脾胃虚寒的人适用了。因为有南瓜这个温性的健脾之物垫底，绿豆在解暑的同时就很难因为寒凉而伤胃。

> **祛暑的绿豆南瓜汤**
>
> **原料**：绿豆、南瓜。
>
> **做法**：绿豆和南瓜一起熬汤。

## 4 夏天要想不生病，吃阿胶糕夏季清心方

夏天养生的特点是什么？夏天养生要攻补兼施。因为夏天非常容易上火，又是一年中消耗最大、代谢率最高的季节。前者需要攻，后者需要补，只有双管齐下，身体才能在夏天达到阴阳平衡。

中医认为，夏天是心所主的季节。随着代谢率增加，人容易心烦、心慌、失眠，即便不失眠，夏天也比冬天睡眠时间短，睡眠质量差。而且夏天比冬天更容易着急上火，这就是中医说的心火。

心火是夏天特有的上火类型，因此，夏天养生必须清心火，中医讲究夏天多吃西瓜、莲子、百合、西洋参，这些食物、药物的特点是入心经，可以通过清心、安心减少夏天的消耗。

除了清心火，夏天另一个养生关键是要适度进补，特别是要喝能补阴的汤；立秋之后马上要贴秋膘，吃膏方，这样做的目的是及时弥补夏天的身体消耗。从这个角度来看，夏天的进补比秋冬更紧迫，而且这个补是补阴的。

因为生命像一根燃烧的蜡烛，火苗旺盛，燃烧时间长，人才能健康长寿。但决定这些的，是火苗之下的蜡烛。火苗就是中医说的阳，蜡烛就是中医的阴。阴是阳的基础，蜡烛是火苗的燃料。所以《黄帝内经》才有这样的养生铁律，"奉阴者寿"，意思是只有珍惜保护人体之阴，人才能健康长寿。

一年四季的补养，都必须在补阴的基础上进行。中医"春夏养阳，秋冬补阴"的说法，绝对不是夏天不能补阴的意思，它的正确含义是，春夏要保护阳，不能让阳这个火苗烧得太旺，防止对蜡烛的过度消耗。从这个角度说，"春夏养阳"也离不开补阴，只不过夏天要在补阴的同时兼顾去心火，攻补兼施，这也是夏天养生的特殊之处。

如何补阴呢？补阴的药物都肩负着夯实人体之阴，使"蜡烛"更坚实耐烧的职责，所以补阴药必须厚重甚至滋腻，这是补阴药必备的特质，比如阿胶。古人往往借助秋冬强化脾胃功能，增加对补阴重剂的吸收。这完全可以通过在补阴的同时增加健脾的药物来实现，使脾胃在夏天也像秋冬一样，保持健运，以便及时补阴，阿胶配合茯苓的目的就在于此。

茯苓号称"四时神药"，因为性质平和，是一年四季都可以吃的健脾药。有它给补阴的阿胶打前站，就可以将战线前移到夏天。阿胶糕的夏季清心方就是在此原则下配伍而成的。

> 夏季要想不生病

## 吃阿胶糕夏季清心方

**原料** 东阿阿胶 250 克,茯苓 20 克,黑芝麻 150 克,核桃仁 100 克,大枣 50 克,莲子 20 克,百合 20 克,山药 20 克,冰糖 100 克,黄酒 250 克。

**做法** 熬水喝。

本方中,以阿胶、黑芝麻、核桃仁、大枣来达到补阴养血的目的,茯苓、山药则负责强健脾胃,莲子、百合有清心安神的效果。药物通力合作,补阴与清火兼而有之,不仅减少了夏天对身体的消耗,而且对已经造成的消耗做了最及时的补充,这就避免了立秋之后再进补而出现事倍功半的问题。

## 5 长期吹空调，喝姜汤、葱白汤，用盐袋温敷风池穴、命门穴

夏天天气热，大家都喜欢待在有空调的地方。办公室往往安装的是中央空调，阳虚之人，夏天特别怕冷，想躲也躲不开。毕竟在同一个办公室里，只能和大家一样接受中央空调的一致低温，因此加重了虚寒。既然躲不开空调，有什么办法化解寒凉吗？

有两个办法，一个是多吃姜，另一个是用盐袋温敷。

大家都知道，中医讲"冬吃萝卜夏吃姜"。夏天天气那么热，之所以还要吃温热的姜，有两个原因。第一，夏天天热，人难免吃冷饮，也难免处在空调环境中，这个过程就容易受寒。姜是温性的，能驱散体内特别是脾胃里的寒气。第二，因为寒邪最容易从体表入侵，姜能及时拦住体表所受的寒气，这就是中医说的解表，通过解表来散寒。待在空调房里时间长了或因为本身体质虚寒，被空调凉着了，及时喝一碗姜汤，微微出点儿汗，寒气就不至于从体表入侵

变生后患了。

> **被空调吹久了，多喝姜汤**
>
> **症状**：被空调吹久了。
>
> **做法**：喝一碗姜汤。

姜能散寒，因为姜是温性的，但有一点需要注意，如果在受寒时寒气入里化热或本身有内热，处于"寒包火"的内热外寒的状况，这时用姜就要慎重。因为姜是温燥的，可以助燃内里之火。最典型的就是在外感的同时，有咽痛的问题。这时可以将姜换成葱白，用葱白煮水代替姜汤，既能散寒，又不至于因为上火而加重咽喉红肿等内热。因为葱是温润的，所以不会加重内热，这也是同为温性食材，姜和葱的差别。

> **有外感、咽痛，喝葱白汤**
>
> **症状**：有外感的同时，咽痛。
>
> **做法**：喝葱白煮水。

## 用盐袋温敷风池穴,一直熨到腰部的命门穴

**症状:** 吹了空调。

**做法:** 最好选用平时腌菜的大粒盐,用铁锅炒热,每次可以炒1000~1500克,装在布袋里。然后用温热的盐袋从后发际线下的风池穴,一直熨到腰部的命门穴。盐凉了再炒热,继续熨,每个部位温熨10~15分钟。

**叮嘱:** 风府穴到命门穴这条线是督脉循行之处,督脉的意思是"总督一身之阳气",是全身阳气最盛的地方。

## 6 立秋之后不吃西瓜、苦瓜

立秋之后,就有不少朋友问,进入秋天了,在吃上面有没有什么讲究?的确有——立秋之后不吃瓜。这个瓜是什么瓜,为什么不能吃了呢?立秋之后不吃瓜的瓜,主要指西瓜。很多著名的中医过了立秋基本就不吃西瓜了,至少不像夏天那样大吃,最多是个点缀。

为什么这么讲究?首先,西瓜是凉性的,立秋之后天气转凉,你看到西瓜会本能地不太想吃,不像夏天对西瓜有种渴望。这个本能是很准确的,有的人脾胃虚弱,甚至看到梨、萝卜之类的也会畏惧,不想吃。

其实,中医养生就是通过食物乃至生活方式,顺应本能,遵守身体的生理规律。中医说的"道法自然",自然包括自然规律和身体规律,养生之道就是尊重这个规律。

西瓜是入心经的,夏天吃它是为了去心火,因为夏天是心所主的季节,心烦、失眠、小便不利甚至尿路感染,都是夏天高发的问题,夏天吃西瓜能很大程度上减轻这些问题。

立秋之后不提倡多吃西瓜，还有一个原因。立秋之后，人们的心火马上减轻，秋天是肺所主的季节，秋天高发的是肺系问题，而肺是最怕受凉的，中医讲"肺为娇脏"。在五行中，脾气的健运是肺气不虚的基础，所谓"培土生金"，脾是属土的，肺是属金的，就是通过健脾固护肺气，避免立秋之后的呼吸系统感染。而寒凉是最伤脾气的，如果再吃冰镇的西瓜，折伤阳气就更严重，其中就包括脾气，由此会直接影响肺气。

之前我讲过一个病例，有位歌手久咳不愈，最后医生发现，是冰啤酒惹的祸。因为冰啤酒太寒凉了，冰凉的西瓜和冰啤酒的效果是一样的，从西医角度讲，寒凉的东西会使身体的血管收缩，局部的血和水供应不足，所以才会长期咳嗽；而从中医角度讲，立秋之后不吃西瓜，是因为西瓜已经完成了夏天去心火的历史使命。

除了西瓜，像苦瓜、黄瓜、冬瓜、南瓜等适合夏天吃的瓜，到秋天还能吃吗？又该怎么吃呢？

苦瓜和西瓜一样，也是夏天的专利，因为苦瓜是苦味的，苦入心经，夏天多吃苦的也是为了清心火。过了夏天，苦瓜的价值就不大了，除非心火很盛，舌尖红，心烦严重。现在很多人吃苦瓜是因为觉得苦瓜能降糖，这就有一定误会。苦瓜降糖，不是因为它是苦的，而是因为它的含糖量低，但黄瓜的含糖量比苦瓜还少，而且从总热量上来看，苦瓜的热量并不比黄瓜、冬瓜低。即便你有糖尿病，但没有心火盛的问题，立秋之后，也不该指望苦瓜降糖了。

可以吃冬瓜，冬瓜虽然也是凉性的，但它的味是甘淡的，淡味的药物或食物更有利湿的效果，所以冬瓜在立秋之后还有用武之地。因为立秋之后，很多地方依旧潮湿，属于中医里说的长夏，这时祛湿是关键，在蔬菜中冬瓜是利湿的首选。

南瓜是秋天比较应季的瓜，因为它的颜色是黄的，黄色入脾经，所以南瓜的健脾效果就非常好。通过健脾，身体的卫外功能会提升，等于从生活细节上助力免疫力，特别是吃了西瓜、黄瓜就肚子冷痛的，更应该多吃，甚至早吃南瓜，包括夏天的绿豆汤中也可以放南瓜，能在祛暑的同时减轻绿豆的寒凉之性，像小米南瓜粥、南瓜羹之类，更应该是脾胃虚寒之人的秋天主食。

## 7 贴秋膘，喝生地龙骨汤

自古就有贴秋膘的民俗，就是要在天气渐凉的时候，给身体打基础。贴秋膘就是囤积脂肪，在食物热量严重不足，人们多瘦弱的年代，脂肪作为三大营养物质之一，对身体的贡献绝对重要。而从机制上讲，无非是强调身体之阴的重要性，因为无论是脂肪还是蛋白质，这些构成我们身体的基础物质，在中医里都属于阴。从这个意义上说，贴秋膘在今天的正确含义应该是补阴，从立秋之后开始补阴，是中医的养生准则之一。

人生病或衰老后，最先受影响的功能就是中医说的气，人变得很容易疲劳，没力气，这就是气虚。疾病迁延日久，才会累及阴，出现阴虚，这时才累及"固定资产"。到阴虚的时候，人会变瘦，身高变矮，人衰老或生病后也会变矮，这些都是阴虚的结果。以最常见的糖尿病为例，初期是血糖高，人容易疲劳，如果病情持续发展，就可能影响肾功能；到了肾衰竭阶段，人就变得很瘦，这就是伤阴了，这时治疗起来要比最初的只是疲劳困难得多。

也就是说，阴虚比气虚伤身的程度要深，治疗难度也大，而补气就比补阴的收效要快，一来是因为阴虚的损伤是更大的损伤，弥补这样大的损伤需要更长的时间；二来，补阴的药物比补气的药物难以消化吸收。后者是立秋贴秋膘的理论基础，换用更加学术一点的说法，就是中医说的"春夏养阳，秋冬养阴"，选择立秋之后，人的消化功能最好的季节来补阴，也是这个道理。

立秋之后，人的气血已经收到内里，这时卫外功能比夏天弱，气血吸收运化功能却比夏天强，所以立秋之后容易感冒，却不像夏天那么容易闹肚子。大家习惯在秋冬季节吃阿胶进补，就是要充分利用内脏气血渐盛的时机，充实身体底层的气血。

补阴的最适宜者，多是本身瘦弱的人，因为他们"固定资产"比胖人少，更容易阴虚，阴虚严重的会有手脚心发热，总是口渴的感觉。这种人要在补阴的基础上注意喝点儿清火的茶，可以用菊花、麦冬泡水。

如果煲汤，生地龙骨汤是很好的补阴药膳，这道汤也是广东人喜欢的汤。广东天气热，人们早就感知到炎热对身体之阴的消耗，算是他们生活智慧选择的结果。

**补阴**

## 喝生地龙骨汤

- **原料** 生地、阿胶各 10 克，500~1000 克猪脊骨。
- **做法** 一起炖汤。
- **叮嘱** 阿胶养血补阴，生地偏凉一点，可以避免阿胶的滋腻及秋天的燥气影响。

# 8 秋天口干舌燥、咽痛、皮肤干燥甚至发痒,三个小动作帮你改善

俗话说:"一场秋雨一场寒。"寒冷随着秋风一同到来,你的身体也在悄然发生变化。口干舌燥、咽痛、皮肤干燥甚至发痒,除了身体不适,连心情都容易感到压抑。之所以身体和心情在秋天会有这些变化,都与肺有关。

秋天空气干燥,而肺部喜润而恶燥,因此,秋天是最容易造成肺损伤的季节。

中医讲"悲伤肺",悲秋之感会伤到肺气,而肺气虚的人,也更容易产生悲秋之感。要想平稳度过秋天,就要润肺。

中医认为,"春养肝,夏养心,秋养肺,冬养肾"。肺是人体最娇嫩的器官,特别是老年人,如果因秋燥而伤肺,到冬天就容易感染许多肺部疾病。

因此,秋天一定要注意对肺脏的保护。以下两个动作可帮助我们保护肺脏。

## 轻叩背部肺俞穴

**做法：** 每晚临睡前坐在椅子上，将两膝自然分开，双手放在大腿上，闭上双眼，全身放松。然后吸气，慢慢地将两手握成空心拳，轻叩背部肺俞穴，每次敲几十下，同时用手掌在背部两侧由下至上轻拍，这组动作做 10 分钟左右就可以了。

**叮嘱：** ① 肺俞穴在背后第 3 胸椎棘突下，左右旁开两指宽处。

② 这种方法可以舒畅胸中之气，有健肺养肺之功效，并有助于体内痰浊的排出，且可疏通脊背经脉，预防感冒。

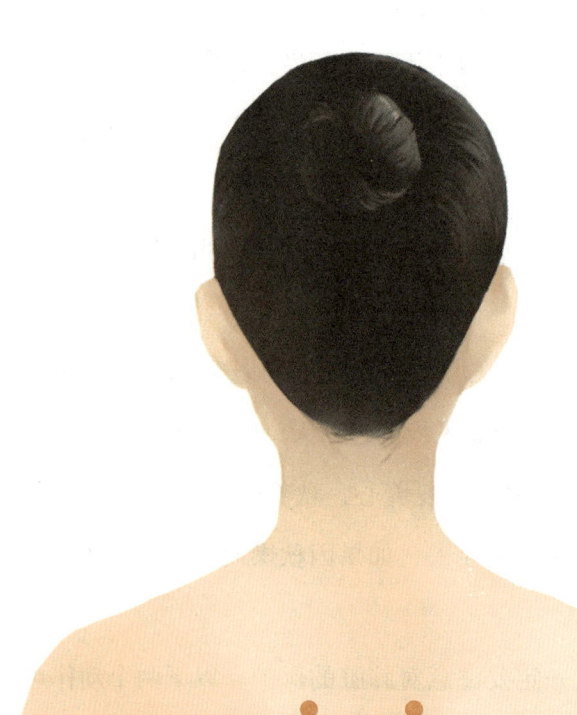

肺俞　肺俞

## 按摩迎香穴、肺俞穴

**做法：** 将两手拇指外侧相互摩擦，有热感后，用拇指外侧沿鼻梁、鼻翼两侧上下按摩 60 次左右，然后按摩鼻翼两侧的迎香穴 20 次，每天早晚各做 1~2 组。

**叮嘱：** 该方法有疏散风热、通利鼻窍的作用。常做这个动作对缓解鼻子不通畅和预防鼻炎有一定效果。

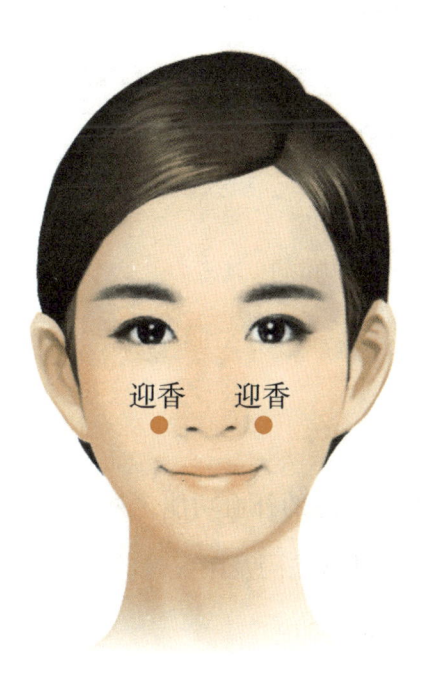

最后是一道食补小方子。朋友们都知道秋天是进补的季节。秋天进补的一大原则是,要特别注意选择润燥的食物。瘦猪肉加阿胶熬制成汤,不仅可以滋阴润燥,还可以补血润肺。

**补血润肺**

## 喝瘦肉阿胶汤

| 原料 | 瘦猪肉 250 克,阿胶 15 克,盐、酱油、葱花、姜丝适量。 |

| 做法 | 分三步。一是将阿胶研细,瘦猪肉洗净切块;二是锅内放入瘦猪肉、盐、酱油、葱花、姜丝,加水适量,煮沸后改为小火慢炖,直至烂熟入味;最后再加阿胶炖化。 |

| 叮嘱 | 既可以吃肉也可以喝汤。 |

阿胶除了有我们熟悉的补血功能之外,还有滋阴润肺的功能。如果有血虚、出血、热病伤阴及阴虚燥咳等症,以阿胶、瘦猪肉配伍运用,食疗效果是最好的。

## 9 秋天干燥，要喝润肺阿胶汤

夏去秋来，我们迎来了凉爽舒适的天气。立秋以后，天地的阴气会逐渐增长，阳气则逐渐收敛。秋天是人体阳消阴长的过渡时期，因此，秋天养生不可忽视。那么我们应该怎么做呢？

预防秋燥，养肺为先。秋天干燥，不少人会出现口鼻干燥、咽干咳嗽、皮肤脱屑的情况。当迎面而来的风里开始夹杂着些许凉意，你是不是也开始采取各种保养措施了。

入秋之后，燥令当时，人体津液缺乏，呈现燥的状态。秋天燥邪易伤肺，所以秋天养生，应以养肺为先，为冬天减少呼吸系统疾病打好基础。

这时出汗多、睡眠少、食欲差、体力消耗大，可以说是"心在秋，身在夏"。你的身体功能可能还处在盛夏的过度消耗阶段，心血管系统的负担还没有得到缓解，但随着暑气的渐渐消散，人体通过自我调整，将夏天浮越于体表的阳气逐渐收敛于体内，这一过程就容易产生疲惫、倦怠的感觉。不少人早上不想醒来,即使起床后也是睡眼惺忪,行动迟缓,甚至工作时大脑处于宕机状态。还有人受时气影响烦躁易怒,脸色暗淡。

因此,除了养肺润燥,我们还需要注意补气补血。

在这里推荐一款适合秋天的食疗方子:润肺阿胶汤。

**补气补血**

## 喝润肺阿胶汤

**原料** 东阿阿胶6克,雪梨1个,冰糖5克,泡发的银耳20克。

**做法** 熬水喝。

阿胶滋补润养,以清化浊,持久温润,养肺护肺。而银耳则有润燥养颜功效,在熬煮之后慢慢变得软嫩富有胶质,可持续补充水分。雪梨水润清甜,止渴生津、润肺化痰。

## 10 秋冬补阴，喝复方阿胶浆，配陈皮茶

"春夏养阳，秋冬养阴"是中医养生的节气讲究。对于"秋冬养阴"，还有一句话："秋冬进补，开春打虎。"这个说法一出，秋冬进补的刚需就要大减，好像只要不求第二年春天体力超人，立秋之后的补阴就不那么重要。

事实上，"秋冬养阴"不是只为第二年开春做准备，更是为弥补刚过去的整个夏天的消耗，而这个消耗，耗的主要是人体之阴。

有人会问：不是说夏天耗气吗？"春夏养阳"不也是为了补阳气吗？的确，夏天耗气，所以夏天的时候人更容易累，累这个感觉，就是气虚的表现，但气又是怎么来的呢？由什么维持的呢？这就是阴了，阴既是气又是阳的基础。

我们的生命是一根燃烧的蜡烛，上面的火苗是阳气，下面的蜡烛是阴。夏天，人的气血都是向外的，代谢率增加，这个火苗比冬天要烧得旺。既然烧得旺，下面的蜡烛的消耗也就大，简单地说，夏天是由耗气开始，由伤阴结束，这一点，看看那些生活在炎热地区的人，就更加清楚了。

大多数南方人的体形相较于北方人会瘦一点。一份有关中国肥胖发生率的调查提示，中国的胖子分布，由北向南呈递减趋势，南方的胖子明显比北方少。道理很简单，因为南方太热，甚至四季如夏，阳气耗散太过，作为燃料和基础的阴的消耗，也比北方寒冷地区要多，久而久之，身体就变瘦了。反过来，身体瘦的人，多是阴虚的，所以中医才有"胖人多阳虚，瘦人多阴虚"的规律，这种消瘦，就是人体之阴被消耗的体现。

明白了炎热对身体根本的消耗，所以才要在最短的时间内弥补这个消耗。因为阴是生命的根基，中医历来强调"奉阴者寿"，意思是，只有保护和珍惜人体之阴，才可能长寿。为此，中国人才会在立秋这一天，天刚刚有些凉意之时，就急不可待地贴秋膘，身体力行地在生活中补足夏天的消耗。

为什么真正的秋冬季节还没到来，就急着补阴？一个是因为夏天的消耗大，另一个原因则是，补阴的效果不如补阳来得快，所谓"有形之血不能速生，无形之气所当急固"，阴血不能速生，自然就要早下手，给补阴之品以足够的起效时间。

既然阴是生命之烛的燃料，是生命的基础，就像打地基一样，人体之阴必须扎实、坚固，非此，就不能持久燃烧。要想达到这个效果，补阴之品一定是质地厚重，甚至是滋腻的"血肉有情之品"，比如阿胶。非此，所补之阴就会像豆腐渣工程一样，无法支撑健康的生命。

阿胶中最好的当数东阿阿胶，用乌驴皮和东阿独特的地下水，采用国家保密工艺经过 50 多道工序炼制而成，它的原料和工艺决定了品质的厚重，也因此，它自古以来就被称为"滋补上品""补血圣药"。能有如此殊荣，滋腻之性是必备的，这不是缺点，而是特点。

比如以阿胶为主药的复方阿胶浆，除了阿胶、人参之外，还用到了山楂，就是以山楂化解补药的滋腻。如果单独吃东阿阿胶，可以用陈皮 10 克冲一杯陈皮茶送服阿胶，飘着橘香的茶不仅好喝，而且能健脾燥湿，帮助身体吸收阿胶。

## 11 冬天心脑血管疾病比夏天高发50%？还要当心哮喘、痛风、晨僵

冬天是很多慢性病患者难熬的季节，尤其是老年人，特别是心脑血管疾病患者，比起夏天，冬天确实是这些病的高危时段。天气越冷，危险越高，尤其是冬天的早上。

美国哈佛大学医学院对4000名心脏病患者调查后发现，在一天24小时中，上午6点到9点为心脏病发作的高峰期。此时段发作的非致命性心脏病比晚上11点发作的心脏病多3倍左右，这个现象又被称为心血管事件的"晨峰现象"。

这是因为人体负责调节心脏和其他脏器活动的交感神经，在保证人体面临突发情况时能保持紧张状态。而副交感神经则可以抑制心脏兴奋，目的在于保护机体、调整恢复。交感神经和副交感神经联合作用，维持着人体的平衡。但在清晨，交感神经的活动可增加

一倍，心率波动比较大，心肌耗氧量也会增加。而此时，人体经过一整晚的水分流失，清晨刚醒的时候还来不及补充，血液黏稠度是全天最高的。同时，清晨又是一天中气温最低的时段，尤其是冬天，人体受冷血管收缩，再加上血压的升高，很容易引发急性心脑血管疾病。最典型的是北欧人心脑血管疾病高发时段是五六点钟，尤其是冬天雪后的早上。

寒冷、劳累、清晨是世界公认的导致猝死的"三联征"，从早上6点到12点，心脑血管疾病发作的风险增加40%，心脏性猝死发生的危险度增加29%，各种类型脑卒中发生的危险度增加49%。这也是专家提出晨起要服用降压药的原因，经过一夜睡眠，体内的降压药已经代谢到低谷。在没有降压药的保护下，如果突然起身活动，尤其在寒冷的环境中，会加大风险，所以这些专家提出："晨醒一杯水，晨醒一口药。"

即便是正常人，每天早上被闹铃惊醒也是不利于健康的。《每日电讯报》报道称：与自然醒相比，被闹钟叫醒的感觉，无异于酩酊大醉后的不适。因为人从睡眠状态到清醒，呼吸会从每分钟16次提高到24次，心跳加快10次，脑电波从每秒8次提高到30次。倘若此时突然被闹钟搅扰，尤其是从深度睡眠中被惊醒，人的短期记忆力、认知能力，甚至计算能力都会受到显著影响，使人产生心慌、情绪低落等表现，就像喝醉了酒一样，感觉头重脚轻。

日本进行的一项研究也发现，突然被闹铃惊醒的人比自然醒的人血压更高、心率更快。因此，相对从容地起床，尽量保护初生的阳气，就显得尤为重要。

除了心脏病，在早上，尤其是冬天高发的还有哮喘。

早上4点到6点，哮喘的发作率是其他时段的100倍，部分原因是人体在早上对肾上腺素的敏感性较高，容易引起支气管变窄。此外，床上有不少灰尘、螨虫，人睡觉时难免和它们亲密接触，这也可能引发哮喘。

此外，痛风发作最有可能出现在深夜或清晨。因为夜间血液流动变缓，炎症容易加重。而身体内一种天然的抗炎物质皮质醇，往往在黎明时最低，所以早上痛风会恶化。很多人刚起床还没下地就发现脚肿了或被痛醒，睡前饮用一杯水，可以冲淡血液的浓度，减轻发作程度。

还有一种情况也值得重视，早上起来觉得肌肉痛，可能与人体自备的"消炎药"皮质醇的含量在夜间降低有关。越卧床越糟糕，一般在站起身活动之后会缓解。需要注意的是，如果这种情况持续存在，就要想到一种病状——晨僵，不仅肌肉僵硬、疼痛，还会涉及关节。如果有这种情况发生，要提防类风湿关节炎、强直性脊柱炎的发生，必要时要去医院的风湿科做明确诊断。

## 12 冬天手脚冰凉、夏天手脚燥热，喝复方阿胶浆

天冷以后，很多人手脚冰凉，特别是女性。初看这个问题，显然是气血虚，但如果细问，很多人还会告诉你，她们到了夏天就开始手脚燥热。有个患者就对我说，夏天，她老公都不愿意挨着她，因为她的手心烫人。

这种夏天热冬天冷的矛盾状况，到底是虚寒还是实热呢？

有个名方解释得很准确，这个方子就是当归补血汤，它与大家熟悉的补中益气丸都出自名医李东垣之手。

李东垣的很多方子，治疗的就是各种莫名其妙的发热，有周身的也有局部的，这些发热不是通常意义上的发热，一般是自己觉得热，但体温不高，或者是体温略微升高。这些发热人的体质，不仅不壮实，反而更弱，他们发热的原因，一种是气虚，另一种就是血虚。气虚发热人的特征是，大多会在劳累后加重，很多人上班上到下午开始发低热，因为经过一上午的辛劳，他们的体力下降了。

血虚发热人的特点是手心热，因为缺血。需要注意，这个缺血不是贫血，而是身体没有推动血的能力，这种人的血细胞虽然不少，但并不能个顶个地尽职尽责。他们身体的很多部位是阴阳失衡的，因为阴虚而阳相对过剩，就会表现为局部的燥热，手心是最高发的。

但是到了冬天，血虚导致温煦无力，手脚这种远离心脏的部位供血就会不足，于是他们很容易手脚冰凉。

一凉一热看似矛盾，其实它们只是分别出现在冬天和夏天，而有所变化的血虚的表现形式。

要想改善血虚的状态，必须补血。但是这个补血不是单纯地补血，从李东垣的当归补血汤我们就能看出端倪，这个方子只有两味药，一味是补血的当归，一味是补气的黄芪。通过补气，盘活阴血，血不虚了，死血成了活血，夏天能减少阴血虚导致的手心热，冬天能减轻气血虚导致的手脚冷。

当归补血汤在药店没有对应的中成药，如果大家有血虚的问题，可以选择我们比较熟悉的复方阿胶浆，它和当归补血汤是同一方意。复方阿胶浆用了人参和党参，加倍了补气药的用量，它们类似当归补血汤中黄芪的作用，就是为了使阿胶、熟地的效用最大化，放大补血效果。同样的，如果你不想选择复方阿胶浆，也可以用生黄芪，开水冲泡代茶饮，送服阿胶，践行的也是当归补血汤之意。

## 冬天手脚冰凉，夏天手脚燥热

# 喝复方阿胶浆

**症状** 冬天手脚冰凉，夏天手脚燥热。

**做法** 喝复方阿胶浆或者生黄芪 10~15 克，开水冲泡代茶饮，送服 5~10 克的阿胶。

很多人只知道冬天手脚冰凉时要喝复方阿胶浆，吃黄芪配阿胶，却不知道只要有冬天怕冷的问题，就算到了夏天手脚变得非常燥热，也同样是复方阿胶浆的适应证。因为他们只是手脚心热，并不是全身热，甚至在手脚心热的同时有全身怕冷和疲劳的问题，这就是气血虚了。

## 13 冬天餐桌上的补药：阿胶山药羹

山药是我们餐桌上的常见食物，那么冬天适合吃山药吗？怎么吃才能发挥它的作用呢？今天我们就来说一说。山药有补中益气的功效，特别适合脾胃虚弱的人食用。脾胃虚弱的人在进补时，会出现虚不受补的情况，那么在进补前吃山药就再适合不过了。

尤其是冬天吃山药，可以更好地促进脾胃功能。因为在冬天的时候我们的运动量是比较少的，身体的新陈代谢也减缓，而冬天人们喜欢吃火锅等辛辣油腻的食物，这就加大了患上肠胃疾病的风险。而山药中含有淀粉酶、多酚氧化酶等物质，有利于促进脾胃消化吸收，健脾益胃，降低患肠胃疾病的风险。冬天煮粥、煲汤、吃火锅时都可以加入山药。

可能有人担心，山药淀粉含量高，是不是不适合糖尿病患者食用呢？恰好相反，山药中含有的黏液蛋白，有降低血糖的作用。日常菜单中加入山药，有利于防止冬天暴饮暴食引发的血糖突然升高，长期食用，还有防治糖尿病的作用。

山药的好处远不止于此。如果你腰酸腿软、脸上有斑、身体瘦弱，或稍微吃多就不消化，可以吃些山药。要想山药有补益作用，一定要吃够量，如果身材偏瘦，每日可以用山药加一餐；如果身材较胖，每日可以用山药代一餐主食。

山药和另一味补血养血的药搭配，可以做到肝、肾、脾三者共享滋补，那就是阿胶。说起山药配阿胶，就要提到一位名人——胡适。

民国九年，胡适患上了肾炎，医治过程中，不料病情未能控制住，反而日益严重起来，出现全身水肿、小便有血的症状。当时的北大校长蔡元培先生看到事情不好，介绍北京名中医陆仲安替胡适诊治。陆仲安并没有开什么深奥药方，而是集中重用山药。3个月后，胡适的沉重疾病竟霍然痊愈。

当时，胡适还专门撰文记述此事，大力赞美中药。

实际上，当时医生还加入了阿胶。阿胶有补血养血、滋补肝肾之力，身体当然恢复更快，基础也更牢固。

我们在做山药阿胶羹时，最好选用怀山药，阿胶则选用道地东阿阿胶最佳。山药阿胶羹最适用于肝肾不足的女性。假如女性自感经期小腹隐痛、头晕耳鸣、舌质淡红，就可能是肝肾两虚，这种情况下，山药阿胶羹作为日常食疗品最好不过。

冬天常用补药

## 阿胶山药羹

**原料** 东阿阿胶9克,山药30克,红糖少许,水淀粉适量。

**做法** 先将山药去皮洗净,切成小丁,放入锅中加适量清水,置火上煮熟。将阿胶熔化后,注入山药锅中,下水淀粉、红糖调成羹即可。

**叮嘱** 想发挥疗效,得早晚各吃一次。

第 5 章

# 你不可不知道的生活小常识

# 1 上了年纪，什么都可以吃，但不能多吃

不少上了年纪的人开始注意保养了，那么日常生活中怎么吃才健康呢？或者说，有没有哪种食物绝对不能吃，哪种食物一定要多吃？

实际上，食物的种类太多了，而且新花样层出不穷，若一个一个地制定规则不太可能也没必要。你只要记住一句话，上了年纪之后什么都可以吃，但不能多吃。

因为这个规则中包含了两点，一是不要把吃东西变成心理负担，要松弛一点、逍遥一点。二是吃什么都有量，不能放纵自己，这样张弛有度，不仅利于身体，也利于心理。

我曾经和一位国医大师一起开会，当时住的那家酒店冰激凌做得非常好。这位国医大师每次吃饭时都会吃一点。当时她已经80岁了，按照人们的理解，这样的老中医一定特别讲究养生，一定会彻底忌寒凉的食物，为什么会公然"犯规"？

国医大师告诉我，她不仅在开会时吃冰激凌，而且每到一个新

地方，一定要尝试从没吃过的东西，对此从不忌口，她说这是尝鲜，又不是天天吃。

这一点非常正确，尝鲜满足的不仅是食欲，更是心理，一个人如果能保有尝鲜的欲望，就说明他的心态是年轻的，还有年轻人才有的探究欲，心没老。毕竟是偶尔吃点，就算有性质的偏颇，也不会造成多大影响。

很多营养学家与这位国医大师一样，吃饭时并没什么特殊忌口，什么都吃。可能你会问，这样健康吗？首先，人类摄取不同的食物才能完成营养的配比，食物之间是互相影响和帮助的。比如说我们吃蛋白质能帮助皮肤合成胶原蛋白，但仅仅吃蛋白质是不够的。因为在胶原蛋白的合成过程中，必须有维生素C的参与，还必须多吃蔬菜水果。所以，饮食健康的关键一点是：食物具有多样性，要杂食，不挑食。

但是保证什么都吃的前提是什么都不多吃。

要知道健康是需要节制的，这看似简单，其实考验的是人的自控力。按照《中国居民膳食指南》建议，我们每天的红肉摄取量不超过50克，也就是你一个手掌的大小。那些无肉不欢的人觉得根本不可能，因为这连两筷子红烧肉都不够，太不过瘾了，于是置若罔闻。

吃东西只想过瘾就容易出问题。因为过瘾都是要吃足的，一定会过量。而健康要求的就是不过量，不管吃什么食物，都不该多吃。

之所以强调这一点，首先是为了防止营养单一和过量。当蛋白质过量时肾脏负担大增，脂肪过量则会直接发胖，碳水化合物过量血糖升高就快。可见吃任何一种食物过量，都会影响营养的摄取，造成营养失衡。比如很多胖子爱吃肉和主食，但依然贫血。这是因为脂肪和碳水化合物中不含有铁，身体中缺少蛋白质和铁自然会贫血，所以才要求食物的多样性。

吃的食物花样可以多，总量却不能多，否则就会因为代谢不了而成为负担，甚至致病。也就是说，食物多样性一定是在每种食物都不多吃的前提下实现的。

还有一点就是人们担心的食物相克。其实，食物之间少有相克，因为食物都是粗制的，不是提取的，而成分之间的相互作用，必须保证在一定浓度、一定量的前提下才能发生。而几乎没有人可以吃到相克的量，所以只要你能在什么都吃的同时，做到什么都不多吃，就完全不用担心食物相克问题。

中老年人工作不那么忙了，退休在家，到了有机会琢磨美食并享受美食的时候了，这时候只需记住一个规则，在饮食上，要吃"缩微版"的"百货店"，而不是"超大版"的"专卖店"，这就是什么都吃，什么都不多吃的诠释。

## 2 条条大路通脂肪,快停止"忌碳水、多吃蛋白质"的减肥方法

夏天是减肥好时机,一谈到减肥,很多人的第一反应是忌碳水化合物,不吃粮食,但是却对蛋白质网开一面,觉得多吃也不会发胖,为此会放开吃肉、蛋和奶。

事实上这是很大的误会,在营养学上有句话:"条条大路通脂肪。"我们的食物,无论怎么翻新花样,成分无非是蛋白质、脂肪、碳水化合物三种。吃进去之后,都会被身体转化为能量,维持我们的身体功能。如果身体用不了这些能量,剩下的能量就以脂肪的形式积存起来。不管吃哪种食物,只要吃多了,能量消耗不掉,就会长胖。这一点上,蛋白质、脂肪、碳水化合物都是一样的。就算豆腐吃多了,只要能量消耗不了,照样可以让你长肉。

我们小时候听过一个故事,一个孩子的母亲去世了,他的父亲

再婚，后妈对他很不好，不让他吃饱。孩子饿的时候只能把自己家种的大蒜烤熟了充饥，这个孩子居然还能长得白白胖胖。抛开文学夸张的程度，从热量的角度说，这是可能存在的，因为即便是大蒜，只要多吃，照样长肉。要知道除了白开水是没有热量的，其他任何食物都有热量，只要多吃，不管是什么食物，都可以长胖。

想要减肥，控制吃进去多少食物是关键。一旦产生多余能量，身体为了消耗掉它们可是要付出不小的代价。

身体用不完的蛋白质，必须排泄出去，而过多代谢蛋白质会累坏肾脏。对于很多患有慢性肾病的人，医生明确规定他们每天的蛋白质摄入量，就是为了帮助他们的肾脏"减负"。

还有一个问题是，蛋白质的消化需要身体花费更多的成本。简单讲，它比碳水化合物的消化更需要"脾气"的支持，能量的支持。这被称为食物热效应。脂肪的食物热效应约占其热能的4%~5%，碳水化合物为5%~6%，而蛋白质达到30%~40%。也就是说，蛋白质提供的能量中，有1/3用来消化它自己。蛋白质分解成氨基酸最后被身体吸收，实在太耗能了。

如果是正常人，过多的蛋白质会把脾胃累坏的，这就导致了脾虚。如果是脾虚之人，过多的蛋白质会加重脾胃负担，日久会积滞，就是中医说的脾虚生湿。

有减肥经验的人都知道，很多减肥的人虽然体重减轻了，但之后各种问题频繁出现，包括疲劳、免疫力低等。从中医角度讲，这是伤脾的结果。因为脾是主肌肉的，肌肉张力不足，不能持重负重，人就会疲劳；而且脾还是"谏议之官"，可以监管病毒、细菌等外邪的侵袭，相当于免疫系统的"免疫监视功能"。脾虚加重，身体抗病力就会下降，很多人的体质变坏就是从减肥开始的。为什么会出现这种情况呢？这是因为他们不是通过运动减肥的，而是通过饥饿或者是失衡饮食达到目的。

实际上，导致脾虚的原因有很多。比如思劳，也就是用脑过度；还有体力过劳，过去中国人的脾虚主要是因为这个问题，而现在的脾虚成因主要是过逸和过食。除了我们刚刚说的过多摄入蛋白质累坏了脾，还有忌碳水化合物是伤脾最严重的因素。

我们吃的粮食都是入脾经，健脾的。不吃粮食就等于在生活中失去健脾的机会，再加上为了消化蛋白质的能量消耗，雪上加霜，脾虚就会加重。

减肥肯定要管住嘴，但要适度节食。这个节食，不是少吃或者忌口某种食物，而是减少食物的总量。在总量限制的基础上，结构可以调整，甚至可变着花样。通俗一点讲就是，吃一个"缩微版"的"百货店"，而不是"超大版"的"专卖店"。对中国人的体质来说，这个"百货店"里一定要有粮食，因为粮食能健脾，而脾是后天之本，是气血化生之源。为了减肥而伤了脾，得不偿失。

## 3 吃素就能减肥？那要看你吃什么

现在有很多人，为了减肥选择不吃动物油脂，每天吃素，觉得这样就能变瘦。实际上，不吃动物油脂并不意味着你吃进去的热量就低。

以油条为例，它是典型的素食，但它却比炸鸡还会让你长胖。从热量角度看，市面上一根普通的油条，含油可以达到30克。按照《中国居民膳食指南》的推荐，国人每天摄入的油脂应该限定在30克以下，你早上吃一根油条，一天的油量基本全占了。

油条、油饼都是素食，但脂肪含量都相对较高，因为面粉比鸡腿更吸油。一般油条的含油率在10%~37%，100克的油条热量是386千卡，而100克的炸鸡腿热量是280千卡。

如果你为了减肥而吃素，却不加挑选，吃了比如油条这样的食物，未必能达到目的，而且营养学上有句话，叫"条条大路通脂肪"。食物中主要有三大营养物质，脂肪、蛋白质、碳水化合物，它们吃进去都要转为热量为身体所用，只要热量没被身体用完，剩下来的就会以脂肪的形式囤积起来。任何一种东西吃多了，热量都会超标，都会长肉，只是程度不同而已。

有人会问，做饭的时候都用植物油，是不是比动物油健康得多呢？的确，植物油大多含有不饱和脂肪酸，能帮助降低人体的总胆固醇。从这个角度来说，它比动物油更健康。但油的热量是非常高的，不管是植物油还是动物油，甚至植物油可能比动物油的热量还要高，可以做精细比较：100克黄油的热量是888千卡，而100克花生油的热量是899千卡。

如果你想减肥，一定要知道一个前提，让人发胖，甚至得糖尿病、高血脂、冠心病的重要原因，不是某种单一的食物，而是总热量超标。只要你每天吃的热量超标，不管这个热量来自哪里，人都会发胖，甚至罹患各种慢性病。

举个例子，很多人都知道吃坚果的好处，可以补充不饱和脂肪酸和各种微量元素，但坚果也是油脂的一种来源。即使坚果比糖果有利于健康，也要有量的限制，否则，即便你什么肉也不吃，每天只吃坚果，仍然可以吃成一个胖子。

营养学家的建议是：每人每天适合吃的坚果量，就是你一个巴掌能抓住的量，手掌小的人抓得少，就该少吃，因为你的身体只能消耗这么多热量，如果你按姚明的手抓量来吃，很容易吃成胖子。

从这个角度说，健康的、可以减肥的素食，是用低油、低糖代替高油、高糖,水煮、蒸烤代替煎炸食物,比如蒸土豆就比炸薯条好。用蒸土豆作为一顿晚餐的主食,比用米饭、馒头作为主食,再炒一盘土豆丝好。除了食物要低糖、低脂,食物的总量也要控制,除了白开水,任何食物都是有热量的,多吃都可能超标。

如果你想减肥,一定是在总量控制的前提下进行结构调整,二者缺一不可。总量不控制,大胆吃素也会长肉;结构不合理,油炸多于清蒸,高糖多于低糖,更会长肉。

## 4 "上床萝卜下床姜",对吗?

每年秋冬季节正是萝卜上市的好时候,这时的萝卜最应季,最符合自然规律。中医很看重萝卜,也有不少有关的说法,比如"上床萝卜下床姜",还有萝卜、人参不能一起吃,真的是这样吗?

之所以有"上床萝卜"这个说法,是因为萝卜是助消化的,有理气导滞的作用。睡觉时,人的消化功能变弱,消耗减少,吃萝卜能让腹中常清,这一点现代医学已经证实了:晚饭和早饭之间,如果有12小时以上的空腹时间,身体会启动一种能自我排毒的细胞自噬,就是身体处于相对饥饿的状态时,会把代谢的废物、毒素当粮食吃掉,这个过程中就完成了排毒。正是这个原因,才有了"要想长生,腹中常清"的说法,萝卜就能帮助腹中常清。

有一种化痰湿、消积滞的中药叫莱菔子,这是学名,其实它就是萝卜的籽,能帮助即将入睡的身体卸掉过重的负载,轻松入睡,在睡眠过程中,完成身体的自洁,这也是建议大家晚上吃萝卜的原因之一。

接着说第二点，萝卜和人参真的不能一起吃吗？

在秋天，很多人会吃补药，为此担心再吃萝卜会影响效果，因为有"萝卜反人参"的说法，事实上，这有点儿多虑了。

因为与人参的补气作用相比，萝卜破气的力量很小，更重要的是，在补气之前，有时需要清扫道路、排除路障，特别是现在，气虚的人很多，同时胖子也很多。很多人在气虚的同时，还夹杂痰湿、气滞，他们就算用人参补足了库存，只要气滞和痰湿还在，出库之路就是拥堵的，因此，他们非常需要消导的药物去除路障，萝卜的作用就在这里。所以，吃人参的时候吃萝卜，不仅减少不了气的补益，其实还能帮助补气药减负，让补气药能更好地吸收，从这个意义上说，萝卜也是补药的伴侣药。

中医讲秋冬养阴，秋冬季节也是用阿胶补阴养血的关键时间，最近就有朋友问我，他的舌苔比较腻，但又想用阿胶，有没有什么不吃其他药能让他吃阿胶进补的办法。的确，舌苔腻不适合进补，但很多时候又没必要为这个吃化痰湿的药。之前，我建议可以喝橘皮茶，其实这时也可以选择吃几天萝卜，其间也要少吃油腻，很快你就会发现舌苔干净了，又恢复了进补的资格。

我要特别强调一下，在这说的萝卜指的是白萝卜、水萝卜，总之是有辣味的萝卜，这样的萝卜才有莱菔子。

最后，我来讲讲萝卜怎么吃？

生萝卜是入肺经的，祛的是痰热肺热。对咳嗽、咽痛痰黄、大便干的人来说,生萝卜能及时通便祛肺火;对体质壮实、没有脾胃虚寒问题的人来说,生萝卜是很好的祛肺火、胃火的药。

熟萝卜的作用点就变了,从上焦转为中焦。煮熟的萝卜重在导滞祛湿,清热效果降低,主要用在吃油腻多,消化不良,胃肠有积滞,大便虽然不干,但是不痛快,甚至粘马桶,口气也很重的时候。萝卜汤可以帮助打扫肠道,特别是晚餐食用可以解决这一天的饮食积滞,让身体干干净净地进入睡眠状态。

很多人减肥,就是晚餐拿萝卜代餐实现的。如果你想晚上用萝卜代餐减肥,可以把白萝卜蒸熟或煮熟,蒸白萝卜还有一个很好听的名字,清蒸象牙白。煮萝卜的时候,最好开着锅盖煮,这样可以减少萝卜的辣气,还可以加点儿香油、蚝油,味道会更香甜。晚上吃一份蒸萝卜或者煮萝卜,不仅热量很低,而且纤维素很多,饱腹感强,还能一扫饮食积滞,为进补清障。

## 5 常言道"是药三分毒",那药可以久服吗?

俗话说:"是药三分毒。"这个说法让很多需要吃药的人都担心,吃药会不会反而把身体吃垮了呢?特别是那些得了慢性病,需要长期服药的人。既然所有药物都有毒,那能长期吃吗?

这个说法有些绝对。药物的毒性程度不同,就算你需要吃的药物毒性比较大,也要和你的疾病相比对,到底是吃药的收益大,还是为了避免毒性而任由疾病发展的收益大。

我们先来讨论吃不吃药,或者说吃药与不吃药的收益问题。大家应该知道,化疗的不良反应非常大,甚至可以说化疗是伤身的,但在癌症致命的风险面前,如果化疗药有效,即使要带毒用药,癌症患者和家属都能接受。

不仅是化疗药,其实很多西药都有毒,都有伤肝、伤肾的问题,比如抗生素,我们在药物说明上可以看到,肝肾功能不全者慎用。但如果你细菌感染严重,不用抗生素会导致败血症,危及生命,抗生素就是救命药，它的毒性就可以忽略，特别在不是长期用的时候。

再来说说需要长期服药的慢性病患者。糖尿病患者、高血压患者的降糖药、降压药都有不良反应，但与血糖、血压高带来的后患相比，这个不良反应还是小的，如果不服用，虽然躲过了药物的不良反应，但可能被脑卒中、心肌梗死击中。

当然，也有一些慢性病药物或治疗方法，是没有毒性或毒性微乎其微，可以忽略不计的，比如 1 型糖尿病患者要终身注射胰岛素，甲状腺功能减退患者要终身补充甲状腺素。无论是胰岛素还是甲状腺素，其实是身体原本就有的，补充它们有点儿像失血严重时输血一样，把该有的补给你，自然就没有什么毒性的问题了。

接着我们来讨论，药物的毒性到底有多大？"是药三分毒"这个说法一开始是形容中药的，因为中药分为上中下三品：上药，主养命，无毒，多服久服不伤人；中药主养性，无毒有毒，斟酌其宜；下药主治病，多毒，不可久服，欲除寒热邪气，破积聚愈疾者。

意思是，上品的中药对身体是有建设性意义的，比如人参、阿胶、枸杞、山药、百合等，很多是药食同源之品，可以像食物一样常服，而且也是需要常服来助益体质改善的。

在中国阿胶博物馆，有张台湾老人为感谢阿胶来东阿的照片，当时她已经 90 多岁了，但无论是体态、面容还是精神状态，看上去都不过 70 岁。据说，她是从 13 岁来月经之后，就开始吃东阿阿胶了，这是他们家的传统，她就靠着久服阿胶，延缓了衰老。

像阿胶这类滋补上品，古典医籍在记录药效时都有一句话："久服，轻身益气。"这其实意味着，它们不仅没毒，而且"久服"还是必需的讲究。因为它们的作用是改善体质，而体质在很大程度上是先天形成的，想要改变先天的东西，必须加以时日。如果你天生是气虚体质，就要长期服用黄芪之类的补气药，血虚的就要经常服用阿胶，这样不仅能改善原本不健康的体质，还能弥补虚弱体质的耗损。所以，这类药物或食物的服用，是要与生命相伴的，而中医养生就是养成良好的生活习惯，其中就包括养成通过药物来调养体质的习惯。

再来说说中品和下品的中药。中品的中药是治病的，治病重于养人，这个过程难免有"剐蹭"，比如枳实、厚朴、三棱、莪术，它们虽然能消胀活血，但如果久服会因为破气力量太过而使人变得虚弱。下品的中药则是以攻击为主，甚至是以毒攻毒，比如半夏、附子、大黄，它们虽然对邪气可以产生摧枯拉朽的效果，但更不可久服，甚至要"中病即止"，这也是很多清热祛火药的使用准则。

"是药三分毒"警示的主要是中品、下品的中药，因为很多上品中药本身也是食物。

## 6 为什么女人变老，先是脸变黄？

说一个女人变老、变丑，最常用"黄脸婆"这一词语，面色变黄，而且没有光泽，到这时候，人就开始变老了。

其实，不独"黄脸婆"，"人老珠黄""面如土（黄）色""面黄肌瘦"……这些形容人不健康、衰老的成语，都带有"黄"字，为什么？中医讲，黄色是脾气所主，脾气虚的时候，身体就会出现没有光泽的黄，从现代医学上说，黄色是从白色往黑色发展的中间状态，或者可以说，出现黄色，是身体进入亚健康的开始。

张艺谋导演的电影《山楂树之恋》里，窦骁扮演的男主角，在最后病重的时刻躺在床上，面色是黧黑的，除了黑，还显得很暗，这就是中医讲的肾虚到极点时的面色。肾虚是疾病发展到后期才出现的，中医的肾主的颜色就是黑色，有这种面色的人，预后大多不好。

但这种致命的黑色肯定不是一天内变成的，而是有个转化过程，这个中间过程就是黄色。从现代医学角度讲，细胞的氧化是人变老乃至死亡的主因，我们平时削苹果后没有马上吃掉，苹果就会变"锈"，变黄直到变黑，这就是被氧化了。

人体的任何一个组织器官，如果过度使用都会出现同样的表现，因为只要使用，就会发生氧化，比如有的人为了减肥，吃大黄之类的泻药，每天泻肚好几次，时间久了，就会引发结肠黑变病，结肠的黏膜变黑。现在发现这种变黑的肠道有癌变的可能，之所以变黑，是因为他们的肠道被过度使用了。

一个原本肤色很白的人，到了老年，也会比年轻时肤色黑，从白里透红到黄色，身体其实和皮肤一样，也发生了这样的变化，已经处于消耗和衰老状态，所以，"黄脸婆"的称谓不仅具有审美警示，更是一种衰老的预警。

为什么身体不好的时候，面色和肤质先变坏呢？因为皮肤仅仅是一张皮，构造很简单，它全靠内里的气血供养。而皮肤和毛发，与心、肝、脾、肺、肾相比，显然是次要的，在气血不足的时候，身体是要"舍车保帅"的，就像壁虎，遇到伤害、危险时，首先会甩掉尾巴，而人的皮肤和头发，就像壁虎甩掉的尾巴，是气血不足时，最先受累的。也就是说，要想不变成"黄脸婆"，必须气血充足。

女人最舍得花钱的就是护肤品了，只要商家推出一个新概念，女人们马上慷慨解囊，总是把皮肤不老、青春永驻的梦想托付给越来越贵的护肤品。

皮肤是人体最大的器官，它的首要任务就是作为屏障防止外界的入侵，而不是吸收，否则我们去海里游一次泳，人就变成咸的了。人体进化的结果是，皮肤对外界的毒素可以严防死守，这个特点也就决定了，皮肤的通透性很低，具体地说，只能吸收小分子的、脂溶性的东西。

这也是为什么，医学发展到现在，虽然已经找到了能治疗糖尿病的胰岛素，但是至今仍旧采取的是皮下注射的方式，没能借助皮肤吸收那样方便给药，就是因为现代医学技术尚不能轻易打开皮肤这个屏障。那能指望护肤品，这种远没有药物精良的制剂，给皮肤提供什么营养呢？所以有句话说："美是吃出来的。"

想改善"黄脸婆"的问题，肯定要补气血，因为这种情况除了人显得衰老、憔悴之外，肯定还有其他气血虚的问题，比如疲劳、失眠、手脚凉、月经不调等。补气养血药物不仅能改善这些症状，一般也能收获好气色，因为气血足了，不仅足够供应身体的重要器官，还有了可以供应皮肤的结余。

在日常生活中常见的补气血的食物或者药物，我们在之前的章节里也反复提到过了，就是黄芪、阿胶、大枣、当归。只是当归的味道比较怪，不像黄芪那么容易被接受，如果作为日常服用，可以换成黄芪、大枣或者阿胶，大枣每天 3~5 个，黄芪和阿胶每天各 10 克。

### 治"黄脸婆"

## 喝黄芪大枣汤

**原料** 大枣每天 3~5 个，黄芪和阿胶每天各 10 克。

**做法** 熬水喝。

## 7 《伤寒论》中的补血名方：十枣汤

说到补血，很多人的第一反应是吃大枣，大枣能补血。但这个说法被很多专家，特别是西医专家否定过多次了，他们说："就算你吃大枣因为其中的糖分吃成了糖尿病，吃成了胖子，也未必能补上血。"而他们指的血是血管中流的血，简单地讲，大枣是不能改善西医说的贫血的。为什么？因为大枣虽然含铁，但它含的是三价铁，是植物性铁，植物性铁在被身体吸收时，先要转化为亚铁，也就是动物性铁，这个过程中损耗巨大，能被身体吸收的量非常有限。

既然大枣不能补血，为什么中医仍旧把大枣视为补血药呢？这是因为中医说的血虚不等于西医的贫血，中医的血还包括身体的用血能力，中医用大枣是为了提升身体的用血能力，这个能力就是中医说的"脾气"。更确切一点，大枣是通过健脾实现补血的，与其说大枣能补血，不如说大枣能健脾，而且健脾力量不能小视。

早在东汉，以大枣为主药的补血方就进入了中国医典，这就是张仲景《伤寒论》中的名方：十枣汤。这个方子的组成很简单，就是大枣 10 枚，甘遂、大戟、芫花各 1.5 克，方子很小，但能用来治疗肝病甚至癌症等疾病到后期出现的胸腔积液、腹水。

> **十枣汤**
>
> **症状**：胸腔积液和腹水过多。
>
> **原料**：大枣 10 枚，甘遂、大戟、芫花各 1.5 克。
>
> **做法**：煎汤喝。

胸腔积液和腹水过多，人就会呼吸困难，甚至继发感染，但如果频繁抽水，反而会刺激胸腔积液、腹水再生，所以时至今日，对现代医学来说，这都是难治病甚至绝症。

十枣汤中的甘遂、大戟、芫花都药力强劲，如果查《本草纲目》之类的古医籍，会发现它们虽然能有效利水，但都有有毒的记载。敢把它们放在一起治病，靠的就是大枣健脾、护卫身体正气的作用，10 枚大枣就可以把这些药物的伤身弊端规避了，可见大枣健脾的力量。

张仲景的《伤寒论》中，大枣的使用次数是最多的，但凡脾虚或重病者，大枣都是离不开的药物，很多虚寒性疼痛病发作时，中医的治法是"急食甘以缓之"，而这些所食的甘性药物，多指大枣，十枣汤是唯一一个将大枣作为君药的方子，而且对付的还是疑难重病。

后世医家评价这个组方时说：大枣用在这里，一是减少利水药物的毒性，二是能培补重病者已经很虚的脾气。由此看来，如果仅仅把大枣当作改善贫血的药物，一来误会了用途，二来也狭义了用途。

那么我们在日常生活中，选用什么样的枣，怎么吃枣，才能更好地补脾养血呢？使用大枣补脾，要选枣肉丰满的，越丰满越好。大枣的肉是黄色的，入脾经，历代医家也一再强调其"丰者"为好，不仅是因为好吃，还因为这类肉厚的枣才真的有健脾的作用。

### 吃大枣的方法

**做法**：先把大枣用不粘锅在火上焙一下，使枣皮稍微变深色变干，这样炮制过的大枣补脾的效果更好，枣皮难以消化的问题也解决了。

## 8 癌症不得不化疗，怎么减少伤害？吃阿胶

癌症是现在人的高发病，一旦得了癌症，化疗是躲不过去的，但化疗伤身，很多人犹豫到底做不做，要了解这个，先要知道它是怎么伤身的。

癌症是人体自身细胞变坏的结果，虽然变坏了，但结构和特点还是和我们身体的正常细胞一样，这就给治疗带来了麻烦。化疗很难分辨哪个是癌细胞，哪个是身体的正常细胞，很容易在杀灭癌细胞时，把正常细胞也伤害了。

做化疗的时候人会脱发，白细胞数量会下降，会恶心呕吐，就是因为毛发、骨髓、胃肠道黏膜这些部位的正常细胞和已经出问题的癌细胞长得特别像，它们也就比其他部位更先受到化疗的伤害。但化疗在很多时候又是必须做的，因为癌症是全身性疾病，而手术或者放疗，就像打仗的时候端掉敌人的碉堡，能对敌人进行最有力的打击，在医学上讲，这是减轻肿瘤负荷。但就算把"碉堡"端掉

了，还有很多"散兵游勇"潜藏在身体里，化疗针对的就是"散兵游勇"，只不过在这个过程中会殃及无辜。

也就是说，如果必须做化疗，就要想办法把化疗的不良反应降到最低。怎么降低呢？这就要用到中药。因为中医和西医不同，西医是要杀死癌细胞，清除癌症；而中医要做的是挖掘身体潜力，最终达到与癌症和平共处的目的，这就需要身体的本钱。如果身体和病症的实力悬殊太大，身体太弱，就没有可能与癌症讲和了，所以，中医治疗癌症需要及早介入，从诊断出癌症的第一时间就要开始了。因为既然都诊断是癌症了，说明身体的癌细胞早就积聚到了一定程度，中药及早介入可以尽快增强身体的抗敌能力。

化疗时应该借助中药的另一个原因是，化疗会导致白细胞数量下降，这是化疗药物伤及骨髓细胞的结果，一旦出现这种情况，西医通常会通过药物快速升高白细胞数量，否则免疫力就降低了。西医的手段叫"升白针"，是通过促进患者骨髓里未成熟的白细胞快速成熟，提前播散到血液里来提高身体的战斗力。

"升白针"好比战场上成年的战士都牺牲了，但敌人还在，必须把孩子抓来当兵，但如果战斗一场接一场，化疗一个疗程接着一个疗程，能有多少孩子拉来充兵？这就是竭泽而渔，寅吃卯粮了。很多癌症患者到后期"升白针"无效了，化疗也必须停止，原因就在于此，因为他们的骨髓中白细胞无法成熟，跟不上前方的消耗了。

怎么办？这时中医的补肾药物可以帮助提高战斗力，因为中医的肾就是生髓的。中医的肾不是指西医说的肾这个脏器，而是身体这棵大树的树根，补肾就是直接往树根上浇水施肥。

治疗癌症时，中医会让患者吃甲鱼，吃阿胶，因为它们都是入肾经的药食同源之品，特别是阿胶。现在有研究显示，阿胶可以增加骨髓的造血功能，提高红细胞和白细胞的产出量，把这样的药物用在化疗中，就避免了前面提到的对白细胞"拔苗助长"的问题，这也是中医药对化疗治疗癌症这个"短板"的最好补救。有了中药的保护，很多能用化疗控制的癌症患者就多了一条生路。

## 9 补药滋腻，先吃会上火生湿？一招教你正确进补

身体虚就该进补，吃补药，大家都知道，但很多人一说吃补药，就有顾虑，担心自己不受补，会生湿上火，他们对补药的提防，甚至超过了日常的忌口。要知道，补药是上品，是建树正气的，这种用力过猛的忌口，很可能就此和提升身体的机会擦肩而过。

首先，吃补药不一定会上火。简单地讲，补药分平补和温补。温补的药物药性都是温热的，比如肉桂、附子、鹿茸等，像中成药里的附子理中丸、金匮肾气丸、乌鸡白凤丸、十全大补丸等都是温补的药物，它们只适合虚寒严重的人。如果你的虚寒程度不是很重，吃了就可能上火。所以，在使用这些温热的补药时，确实要谨慎，最直接的判断标准就是，只要大便干，这些药物就不适合，因为大便干多是身体缺水的标志，热性药会进一步消耗阴液导致水少而上火。

另一种平补的药物是平性的，比如阿胶、枸杞、茯苓等。所

谓"平",就是既不热也不寒,用它们进补,就没有人们担心的上火问题。

除了性质温热上火,人们还担心的一个问题是补药滋腻,这是对中药药性的形容,质地厚重浓稠的感觉。滋腻的药物或食物消化起来确实比不滋腻的困难,那是不是滋腻的就特别需要忌口呢?也不是。

其实,生活中比阿胶、熟地滋腻的食物太多了,比如红烧肉、炸鸡腿、肉粽子、元宵、奶油蛋糕等,任何脂肪、糖分含量高的食物都是滋腻的。如果和一碗红烧肉、两个炸鸡腿相比,10克的阿胶、熟地又能滋腻到哪儿去?仔细想一下就明白了。

遗憾的是,人们在吃肉、吃蛋糕的时候,从来没顾忌过滋腻的问题,唯独对补药防御过度,这还是因为对中医不了解。

滋腻是补药,特别是补阴药的特点,因为阴是人体的根本,是大楼的地基。《黄帝内经》中就强调"奉阴者寿",意思是只有人体之阴这个地基扎实厚重,人才能健康长寿。而能打地基的药物必须是厚重滋腻的,否则这个地基就是豆腐渣,整个大楼就立足不稳了,像柴胡、薄荷之类的药物倒是都不滋腻,但它们只能疏肝解表,对身体的根本毫无补助之力。因此,滋腻只是补药的特点,而不是缺点,甚至我们可以说,不滋腻,无补益。

那么,怎么才能让滋腻的补药充分发挥作用,不影响吸收消化呢?很简单,只需配上健脾化湿的药物就可以,比如陈皮、山楂,它们是补阴养血药的好伴侣，每天吃阿胶的时候，可以用陈皮 10 克泡茶。当然，阿胶要选品质上乘的道地东阿阿胶，用品质低劣的阿胶不仅起不到补益的作用，还要承担它的滋腻。用这杯有橘子香味的茶送服阿胶，既能保证阿胶的吸收，也免去了消化道的吸收负担。

### 进补前先喝陈皮茶

**做法**：陈皮 10 克泡茶。

在进补之前，一定要看看舌头，如果舌苔很腻，甚至发黄，所有的补药要暂停，先要用健脾祛湿的药物开路，可以用陈皮泡茶喝三天，等舌苔干净了再进补。如果陈皮茶都不能消散厚腻的舌苔，那可以用二陈丸或香砂平胃丸、藿香正气口服液这些更有力的化湿药物开路，一般三五天就彻底清障了，这时再进补，补益的效果就立竿见影。

> **舌苔厚腻，进补前先服用二陈丸或香砂平胃丸、藿香正气口服液**
>
> **症状：** 舌苔很腻，甚至发黄。
>
> **做法：** 按说明书服用二陈丸或香砂平胃丸、藿香正气口服液。

其实，这种进补前的开路方法，用在你吃红烧肉、炸鸡腿之前也是适合的，或者当你因为吃多了而舌苔腻时，它们也是很好的善后药。

很多人对补药虚不受补，其实就是因为他们把脾胃的消化功能过多地浪费在消化这些厚重食物上，因为滋腻而多了痰湿，又把锅甩给滋腻程度远不如食物的药物，比如阿胶，由此失去了补益的机会。这样的误会对中医补药来说很冤枉，对不敢进补的人来说，则太亏了。

## 10 减轻吃阿胶不良反应——"暝眩反应"的做法

不少朋友问我，说自己一吃阿胶就上火，还能吃吗？的确，很多人吃了阿胶之后，会有口干、咽燥、长痘的反应，他们觉得这是吃阿胶上火了，但事实上，阿胶是一味性质平和的"佛性"中药，在《伤寒论》中，医圣张仲景还用它和黄连配合，治疗心火盛导致的失眠心烦。连治心火盛的时候都用到了阿胶，可见阿胶本身是不上火的。

为什么很多人吃了阿胶会有上火的感觉呢？对此，中国古典医籍早有解释，称之为"暝眩"，《尚书·说命上》中详解：重病或久病之人，如果服完中药之后，没有出现不舒服的现象，表示这个病不会好。由此可见，吃阿胶之后的上火不是坏事，而是药物起效，病情好转的标志。

很多人减肥时会发现一个现象：节食运动初期，体重可以规律下降，但一段时间之后，就算坚持原来的节食运动，效果却不明显了，为什么会这样呢？这是身体通过自我调节和适应，与节食和运动达到了平衡，如果想继续保持减肥效果，要么继续减少食量，要么增加运动量或改变运动节奏，总之要打破这个平衡。

吃了阿胶会有"瞑眩反应"，就是因为打破了身体原本虚弱的、病态的平衡状态。气血虚弱是个慢性过程，在这个漫长的过程中，身体早已适应了之前的虚弱状态，虚弱的气血也达到了一个平衡，只不过这个平衡是低水平的。因为平衡点很低，气血虚弱的人生活质量也比较低，只不过他们已经适应了有气无力、头晕面黄的状态，所以可能并没有特别明显的不适感。补血的阿胶介入，就是打破这个平衡并将平衡点调高的开始，由此肯定会带来身体不适，这就是"瞑眩反应"。

关于"瞑眩"，张仲景的《伤寒论》里有很多文字做了明确记载，一般情况下，张仲景都会嘱咐患者继续服用，等"瞑眩"消失，身体达成新的平衡后，病情也就基本痊愈了。

近代著名中医经方临床家胡希恕先生，更是有因为"瞑眩反应"而半夜被患者砸门的经历。患者是个孩子，胡老给他开了治下利的药，但服药后反而下利更厉害，家长半夜砸门，非要胡老去家里看看。胡老赶到后，孩子状态已经好转，胡老嘱咐说把二煎药也吃了。孩子妈妈开始还不敢，在胡老的要求下才勉强喂药，结果孩子的下利第二天全好了。

《伤寒论》关于"瞑眩反应"的记载有 10 余条，分两种情况，一种是药物治疗给邪以出路，比如腹泻的孩子，腹泻加重就是必有的"暝眩反应"，是药物在帮助身体尽快排出体内的脏东西。另一种是药物使身体正气得复，疾病向好，比如吃了阿胶之后的上火，就是气血在增强，在建立更高水平的平衡。无论哪种，如果因为"暝眩反应"的出现而擅自停药，肯定会影响疾病的治疗和身体的养护。

那么，有什么办法可以减轻"暝眩反应"使用吃阿胶不上火呢？很简单，从小剂量开始吃，如果治疗量是每天10克阿胶的话，可以从每天3~4克开始，吃三四天觉得没上火，加到7~8克，再服用几天，适应之后再加量。这样循序渐进，就给了身体一个和缓地建立新平衡的机会，既不至于上火或出现"暝眩反应"，又可以逐渐地达到高水平的气血平衡。

平，达到气血双补，阴阳双补的目的。

## 11 腿抽筋是缺钙了？可能是缺血

如果一个人腿抽筋，人们第一个感觉是这个人缺钙了，事实上，真因为缺钙而抽筋的并不多。为什么这么说呢？我在这里讲一个病例。

这位患者是一家国有银行的高管，他接了一个新项目，压力很大，工作也很忙。在这个过程中，有一段时间他突然觉得脚上的筋很酸，很奇怪。因为工作忙，他根本没时间运动，上班也是开车来单位，坐电梯到办公室，甚至连长时间走路的机会都没有，身体的筋骨几乎用不到，怎么会筋酸呢？

因为工作忙，也实在不知道脚上筋酸该看哪个科，这件事就放下了。一年多以后项目完成，他觉得身体的疲劳加重了，已经不仅仅是脚上筋酸的问题，这才腾出时间去医院，一检查，发现居然是肝癌，而且是中晚期了！

医生帮他回想之前的蛛丝马迹时他才意识到，脚上筋酸就是肝癌征兆，因为中医讲"肝主筋"。当一个人肝血亏虚的时候，最容易从筋上体现出来，由此出现关节酸甚至抽筋的问题。只可惜，这个早就发出的警报信号，他没有注意。

这是个极端的例子，毕竟肝癌的发病率比较低，但生活中很多人同样有四肢发酸发麻，腿脚抽筋问题，这是哪儿出了问题呢？

其中有一部分是颈椎问题，但颈椎引起的多以四肢发麻为主，因为是神经受压，会因此发出神经冲动信号，神经冲动表现出的症状就是发麻；而酸的感觉一般和血液供应有关系，或者说很容易是血虚导致的，特别是当一个人在劳累运动时，四肢发酸的症状会加重。

有位80岁的老太太曾经给我在微博留言，因为她每天晚上睡觉腿脚都抽筋，后来发展到中午睡觉也抽的程度，吃了钙片也不管用。很显然，长期腿脚抽筋已经不是缺钙这么简单的事了，很可能是血虚的问题。

由此我想到了之前的一个病例，患者是个初中生，到下午五六点钟的时候，四肢就抽搐性地痉挛，很痛苦，但各大医院都查不出原因。后来，他找到我的一个师兄，师兄是研究张仲景《伤寒论》的，他想起张仲景有个简单的方子叫"芍药甘草汤"，就芍药和甘草两味药。张仲景曾用这个方子治疗"脚挛急"，和腿抽筋很像，他就把这个方子开给了这个孩子，吃个几天的药之后，四肢痉挛居然明显减轻了。再吃几服，只剩下双手抽搐，腿上的症状基本上消失了，家长喜出望外！大医院都没招儿的怪病，居然两味药就治好了！

这个小方子之所以见效，因为它就是针对"血虚不养筋"的问题，其中，芍药养血，入肝经。中医讲"肝主筋"，筋的问题，比如抽筋、筋骨酸痛的时候，中医一般都从肝论治，用芍药、甘草就是为了养肝血，使挛急的筋脉得到濡养。

我让这位老太太也如此试试，用芍药 20 克，甘草 10 克煎汤，她吃钙片也没能控制的抽筋居然就此缓解了。

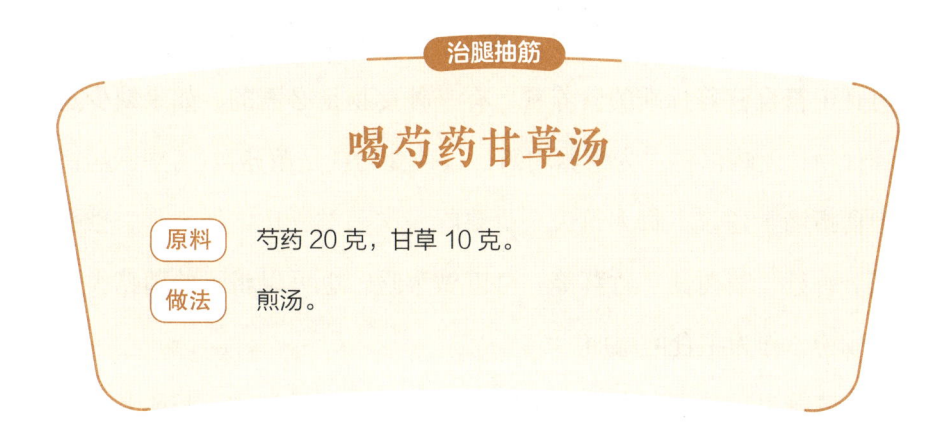

### 治腿抽筋

#### 喝芍药甘草汤

**原料** 芍药 20 克，甘草 10 克。

**做法** 煎汤。

这个病例提示我们，四肢发酸这种查不出问题且长期困扰患者的病症，如果按中医血虚调养，往往能收到意外效果。

## 12 《中国居民膳食指南》建议，每人每天至少要吃一次菌类

现代人讲究营养，饮食上知道要荤素搭配，保证蛋白质充足。但真正符合营养标准的营养餐，有一种食物是必需的，如果缺少这种食物，就难以称之为营养均衡，这种食物就是菌菇类。《中国居民膳食指南》建议，每人每天至少要吃一次菌类，比如黑木耳、猴头菇、香菇、茶树菇、竹荪等，可以做菜吃，也可以将干的菌菇类研磨成粉，作为主食的添加。

菌菇类虽然属于蔬菜，但它所含蛋白质的量和质，都明显优于普通蔬菜，比如干木耳蛋白质含量为12.1%，干香菇为20%，而圆白菜的蛋白质含量则为1.5%。不仅如此，菌菇类蛋白质的氨基酸比例，与人体内9种必需氨基酸的比例更接近，利用度比蔬菜更好，营养价值自然更高。菌菇类生长过程中是不进行光合作用的，往往都在地洞或阴暗之处，从腐朽的木头或植物上获取养分。虽然菌菇类属于蔬菜，但这一点使它们与肉类更像，甚至算是营养很高的"素肉"。

菌菇类富含维生素 $B_1$、维生素 $B_2$、维生素 K、维生素 D、钙、钾、铁、锌和硒等，最独特的是维生素 D，这是其他蔬菜不能比拟的。维生素 D 的主要功能是促进钙吸收，调节钙代谢，除了大家了解的对骨骼健康至关重要，近年的研究还发现，维生素 D 与预防动脉硬化、冠心病、2 型糖尿病等慢性病有关。不仅如此，菌菇类含有特殊的菌类多糖，菌类多糖已经被证明具有提高免疫力、调节血脂、抗癌、抗血栓等作用，其中一些多糖，已经被开发为药物应用于疾病，如肿瘤的治疗中。

还有一点很重要，菌菇类是很好的减肥食物。因为菌菇类含有丰富的纤维素，而人类的肠道是没有分解消化纤维素的酶的，我们开玩笑把金针菇称为"see you tomorrow（明天见）"，因为纤维素不能被吸收，在完成饱腹效果后只能从肠道悉数排出，所以蘑菇类的热量很低，能让你获得吃饱了减肥的效果。用营养学家的话说，"四条腿的不如两条腿的（猪牛羊肉不如鸡鸭肉）""两条腿的不如一条腿的（鸡鸭肉不如蘑菇）"。

菌菇类多是一条腿的，除了口感美味，也具有一定的保健和医疗功效，所以现在的营养饮食在讲究荤素搭配之后，更讲究一荤一素一菇。

# 13 肾虚等于生殖功能不足？你对中医的肾虚有误解

肾虚是中医的概念，但在民间，一说到肾虚往往就觉得是肾这个器官不行了，或者就和生育能力、性能力挂钩，这都是对中医肾虚的很大误解。

中医的肾虚，简单地说，就是身体过度使用的后果，可以是局部过度使用，也可以是全身过度使用，生殖功能不足是全身过度使用的后果之一。因为自身健康与生殖功能是青山与柴草的关系，青山被过度开采，青山上柴草的生长自然受影响，性功能低下只是身体这个青山出问题的结果之一。肾虚的含义远远超过这个，几乎可以这样说：每个人身上都有肾虚的部位，每个人都会肾虚。

中医的肾不是固定器官，中医的肾是大树的树根，大楼的地基，随着增龄，大树、楼房都会有根基不稳的问题，人上年纪出现问题，往往就是身体的根基出问题。所以，肾虚在一定意义上就是衰老，只不过这个衰老，第一未必与年龄完全同步，第二可以不是全身性的。

不与年龄同步的肾虚，就是未老先衰，现在这样的人很多见，很早就头发白了，女性甚至因为卵巢早衰而月经不调乃至停经了，为什么现在人这么不耐老？原因很简单：使用过度。

现代人生活节奏快，精神压力也大，一天的消耗相当于先人两三天的消耗，这种高效率的生活状态就是对生命的过度使用。虽然现代人的寿命是延长了，但很大程度上依靠的是医学的维持，而不是现代人的耗用少。很多病重的人在以前医学不发达的时候，可能早就去世了，但现在的医学足以维持他们卧床生存十几年，这些都增加了现代人的平均寿命。

但平均寿命和衰老我们要分开来看，人类的衰老和生命的耗用是成正相关的，它不但没有推迟，甚至可能还因为过度使用而提前了。所以，很多人年纪尚轻就已经早生华发，特别怕冷，甚至有的女性三四十岁就停经了，这些都是提前到来的衰老，他们已经肾虚了。

再来讲讲，肾虚可以不是全身性的。郎平接受采访时说，她的膝盖相当于七十岁的老年人，做过多次手术，因为多年的运动，膝盖磨损过大，使用过度。像郎平这样的情况，膝盖遇冷肯定会不舒服，下雨阴天之前就会有感觉，这个特点恰恰是肾虚的典型表现：怕冷。因为过度使用造成的损伤，身体会自我修复，修复需要能量，总是过度修复就很容易能量不足，能量不足肯定怕冷，发凉。所以，就算全身状态很好，如果有损伤过的地方或器官有老毛病，都会有明显的怕冷表现，这就是局部肾虚。

因此，中医治疗慢性胃炎、慢性食管炎、慢性肠炎、慢性肝炎，特别是有癌前病变这种明显癌变倾向的，一定会用到补肾药，这是中医逆转癌前病变的基础方。

我的一个朋友父亲被确诊为食管癌早期，原本准备春节后手术，不想疫情来了，手术只能推后，等待手术的时候担心不治疗癌症会发展，我建议他吃六味地黄丸和阿胶。在很多年前，河南林县（现林州市）食管癌发病率很高时，中医就使用六味地黄丸，从而确认它补肾，可起到逆转效果；阿胶也是一味补肾力度很强的药，因为阿胶是"血肉有情之品"，它来自动物身上，比植物制成的药更容易被人体吸收。结果，患者等待手术期间，吃了两个月六味地黄丸和阿胶，之前食管的病状明显减轻，也不再急着做手术了。

很多癌变都是慢性炎症刺激的结果，那些癌变部位的炎症一直被身体修复，直到修复所需的能量不足，细胞不能正常生长，变异了，这就是癌变。补肾药补充了修复所需的能量，细胞又能正常生长了，也就对癌前病变有了逆转作用。无论是食管癌还是各种老胃病、老肠炎，炎症部位一定比其他部位怕冷，对冷更敏感。很多人特别喜欢吃烫的、辣的食物，就是因为他们的食管胃肠怕冷，怕冷就是局部肾虚的表现。他们吃了补肾药之后，原来冷的部位不冷了，这就意味着这些部位已经开始向好的方向转变，即便是癌变细胞，也有了好转之势。